大好きな彼のハートを
撃ち抜く！

恋愛＆婚活 SNS大作戦《ミッション》

神崎メリ

CONTENTS

CONTENTS

CONTENTS

Let's Start!

PROLOGUE
プロローグ

愛される女はSNSという武器を使いこなして、男心を撃ち抜いていた！

大好きな人からの返信が待ち遠しくて、常にスマホを握りしめて生きている。

仕事中もデスクの上に置いて、画面が視界に入るようにしている。「あ、LINE！　あの人かも♡」と浮かれるも、コスメブランドの公式アカウントの通知でガッカリ……。

帰宅後、トイレにもスマホを持ち込んじゃうし、シャワーを秒で浴びて「彼からLINE来たかな⁉」とびしょびしょのまんまチェックするも、既読にすらなっていない……。

「返信遅すぎだけど、なんだろう……体調悪いとか？」と心配になって彼のInstagramをチェックしたら、まさかの「は？　ストーリー更新してるやんけ！」と大絶望……。


思い当たる節のあるそこの貴女《あなた》！　完全にSNSに振り回される女になっていますよ！

「だって好きな人が連絡マメじゃないんだもん」「え〜？　恋してたら冷静でいられなくて当たり前じゃないですか？」とかいろんな言い訳が聞こえてきそうですが（辛口失礼）、恋愛が成就し、交際・結婚後も大切にされている女性たちは、SNSに振り回されることなく、むしろSNSを武器として利用し、男心をガンガン撃ち抜いていることをご存知でしょうか？

彼女たちは別にＳＮＳの申し子でもなんでもありません。文才があるわけでもありません。ましてやセクシーな写真を送って男性を釣っているわけでもありません（これで釣れるのは恋心ではなく下心のみです）。

ただ、感情に振り回されることなく沈着冷静に、戦略的に武器としてＳＮＳを使っているだけなのです。

「ＳＮＳを戦略的に使う？　なんか打算的だね。そんな女、怖くない？」「ありのままの自分をＳＮＳで見せちゃダメなの？」「そもそも即レスって人としての礼儀では？」「感じたことは素直にＬＩＮＥしたいよ……駆け引きとかよくないって！」

遥か昔、私はそういう風に感じるタイプの人間でした。

私が恋愛真っ最中だった20代の頃はｍｉｘｉという日記型のＳＮＳが流行っていました（トオイメ）。

ｍｉｘｉでは競うように日本中の女性たちが「私は彼氏にこんなことしてもらいました♡」「愛されて幸せです♡」「玉の輿に乗って幸せで〜す♡」と彼氏の写真付きで事細かに（FacebookやInstagramなんて比じゃないほど）大長文日記を書いていたものです。

しかも相手がｍｉｘｉにログインした時間がわかるという鬼仕様だったので、「ｍｉｘｉのログイン時間５分前じゃん！　なのになんでメールシカトしてんの⁉」なんてブチ切れる女性たちが大量発生していました（トオイメ２）。

あの頃、愛され自慢を垂れ流し、彼への熱い思いを書き散らかし、「○○君とお付き合いできることになりました」など、恋愛のすべてを発信していた女性のほとんどが、その後その男性とはうまくいきませんでした（残ったのはど黒歴史な日記のみ……）。

ここだけの話、例に漏れず私もその１人でした（大赤面）。

当時の彼氏との日常を事細かく書き散らかし、もちろん彼もそれを読んで、いえ無理矢理読ませていました。最悪なことにそれが彼への愛情アピールであると勘違いしていたのです。

そうこうしているうちに彼氏に「ど本命彼女」として大切に扱われる存在から、「結婚？　う〜ん、あと数年はちょっと……」と言われる存在に転落していたのです。

あれからあっという間に時は流れ、私は、結婚、離婚、再婚、出産を経験しました。

恋愛や一度目の結婚生活につまずいた中で、古今東西の恋愛本や心理学書を読み漁り、腹落ちした恋愛メソッドを、「メス力《りょく》」®としてＳＮＳで発信したところ、わずか1年でインスタのフォロワー数は10万人を超えました。２０１９年には初めての著書を出版し、ありがたいことに本書で5冊目となります。

著書の中でも、私の各ＳＮＳアカウントでも、繰り返し、ＳＮＳやマッチングアプリの出会いで「ど本命彼女」になる方法や、「おクズ様」を見極める方法をお伝えしてきました。またその中でＬＩＮＥでのやり取りをするときの「メス力3カ条」もお話ししてきました。

それらを実戦に活かした大勢の読者様から、「ＬＩＮＥの返信を『メス力』仕様に変えたら、彼から追われるようになりました！」「マッチングアプリで知り合った彼と結婚が決まりました！」「昔なら引っかかっていた『おクズ様』がＬＩＮＥの段階でわかるようになりました！」とご報告をいただいています。

「え？　ＳＮＳのやり取りひとつでそんなに男性からの反応が変わるの？」と思われる方もいらっしゃると思いますが、**逆に言うとＳＮＳの使い方を間違えてしまった結果、貴女の魅力をかき消してしまっているということが多いのです。**

でも具体的に、ＳＮＳでやったらダメな行動は何なのか？　また男性がドキッとする

ＬＩＮＥと、「うわ、既読を付けるのやめとこ！」とドン引きしてしまうＬＩＮＥの違いなど、まったくわからない方も多いと思います。

あの頃の私もやらかしていたＳＮＳでの地雷行為、今ならハッキリと、「これが正解ですよ、それは男性にドン引きされますよ」と男性心理を学んだ上でお伝えすることができます。

ちなみに本書を執筆するにあたって、捨てずに取っていた昔のガラケーを充電し自分のメールを読み返してみました。その中身はあまりに男性心理的にＮＧ連発で恐ろしく、史上最強に男心を萎《な》えさせる内容のオンパレード！「そりゃ〜あ〜た、これじゃ男は逃げていくわ……」と「メス力」の伝道師と化した今の私は震えと乾いた笑いが止まりませんでした。

また同時に、時は流れどそのやり取りは、私のところへ読者様から寄せられる相談内容と完全に一致しているものでもありました。

貴女も過去の私のように、無意識のうちにＬＩＮＥやその他のＳＮＳでやらかしている可能性があります。**よかれと思って送っているその一通のＬＩＮＥが、男心を萎えさせる地雷ＬＩＮＥになってしまっているかもしれないということです。**

「ＳＮＳやっていません！」が通用しなくなっている現代。振り回される女は卒業し、効果的に男心を撃つ武器にしていこうというのが本書の狙いです。

❖まずは全SNSを「メス力武装」し、連動させよ！

LINE、Instagram、Twitter、Facebookなど……いくつもの種類があるSNSに、何も考えずにただただ近況を垂れ流してはいませんか？　または、間違った自己プロデュースをして、男性にドン引きされてはいませんか？　まずは、**すべてのSNSを「男性を魅せる仕様」に変えていくことからスタートです。**

最初にPREMISSIONをクリアしたら、その後以下の5つのMISSIONをクリアしていただきます！

MISSION ❶ 初デートに誘わせる

「マッチングアプリ、やり取りだけで終了するんです」「好きな人とLINEはしていますが、デートには誘われません！」こんな貴女へ。やり取りで男性の狩猟本能をくすぐってデートに誘わせる「メス力」をお伝えしていきます。

MISSION ❷ 彼をハマらせて「ど本命彼女」になる

「メス力」では彼女になることがMISSIONではありません。あくまで男性から、熱愛・

溺愛される「ど本命彼女」になることがMISSIONです。彼女にはなれるけれど、イマイチ男性にハマられた経験がない貴女へ、SNSでハマらせる「メス力」をお伝えしていきます。

MISSION ❸「ど本命」プロポーズさせる

すでに交際中の彼氏がいる貴女へ。関係が中だるみしてはいませんか？　なんとなく流れで結婚、彼をせっついての無理矢理婚は「メス力」の目指すところではありません。貴女も「ど本命彼女」としてプロポーズされたいとは思いませんか？　SNS全般をカスタムし直し、彼の心をもう一度撃ち抜きに行きましょう！

MISSION ❹【番外編】復縁を申し込ませる

「メス力」では復縁を強くオススメしてはいませんが、「メス力」を使って多くの読者様が復縁を叶えているのは事実です。ここでは、復縁してもらうのではなく、男性側に復縁を申し込ませるのがMISSIONです。そのための「メス力」をお伝えしていきます。

MISSION ❺「ど本命婚」を永遠にする

実は結婚前と結婚後でSNSの「メス力」は変わってきます。結婚後も気を抜かず、夫への正しいSNS「メス力」を実戦して、他の女などに付け入る隙を与えない「ど本命妻」であり続けましょう！

私たち女性にとってSNSは魂の交換ツールです。本当は好きな人とSNSを通じて以心伝心になりたいですよね。その気持ち、本当によくわかります。

しかし、SNSでマメに繋がろうとしたり、女性側が自己開示しすぎると、どんどん男性の気持ちが離れていくジレンマに陥ってしまうでしょう……。

このジレンマにあまりにも多くの女性たちが陥り苦しんでいるので、本書を執筆することにしました。

男性心理に基づいて、冷静にSNSを武器として活用することができれば、彼から「ど本命彼女」として求められるようになるのです！

SNSは恋愛の主軸じゃなく、貴女の魅力を引き立たせるひとつの道具に過ぎません。スマホという機械の中に幸せそのものはありません。幸せはオフライン（リアル）の世界に作りあげるものです。SNSという武器を使うことによって。

貴女が求めている、彼から愛される不安のない日々。LINEの既読・未読に振り回されることなく、「彼からガンガン連絡来るんだよね♡」とニヤついちゃう毎日。

幸せを手に入れるためのSNSのすべてをお伝えしていきましょう！

「メス力」必須語録

「メス力」®

「狩猟本能」「守りたいという庇護欲」「ヒーローになりたい本能」この３つの男心に火を付ける力。

「ど本命」「ど本命彼女」

貴女のことを、大好きで大好きで仕方ないような全身全霊で愛してくれる男性とその彼女。もちろん貴女も大好きな相手。

「ど本命婚」

「ど本命」との結婚。

「おクズ様」

貴女を雑に扱う男性。気が向いたときだけ呼びつける。束縛して貴女の交友関係を狭くする。貴女より友達を優先するなど。

「ど本命クラッシャー」

「ど本命」との付き合いをぶち壊す行動を取ること。【タイプ1：媚びる女】【タイプ2：キレるモンスター女】このどちらかに当てはまる。

「ど本命カースト」

男性が本能的に女性を判別するときのピラミッド図。

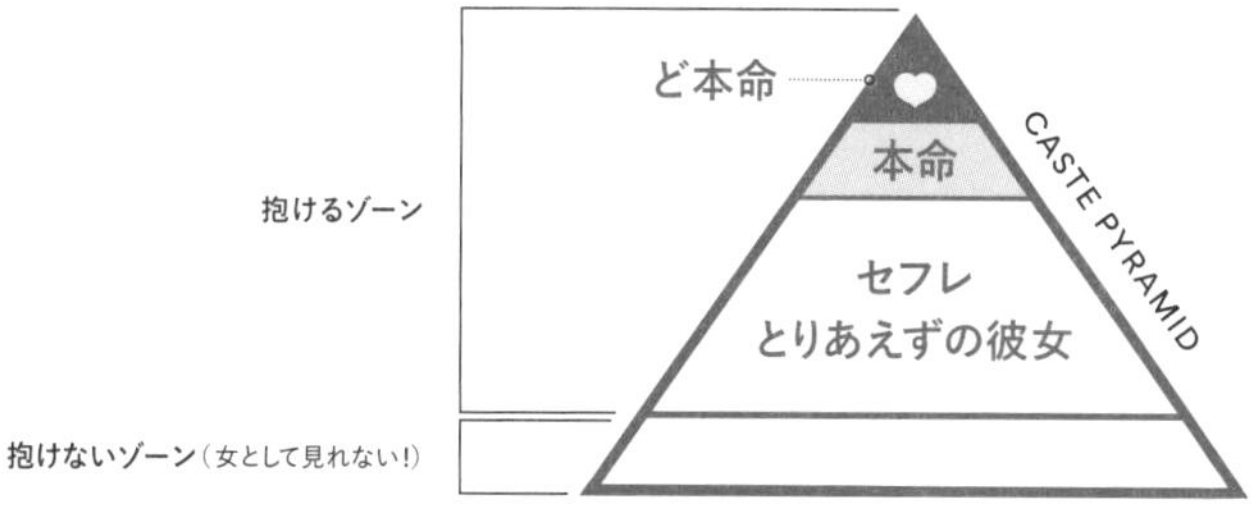
ど本命
本命
セフレ
とりあえずの彼女
CASTE PYRAMID
抱けるゾーン
抱けないゾーン（女として見れない！）

「プロオカン」

大好きな彼にいそいそと尽くし、まるでお母さんのようにあれこれして、もはや恋愛対象として見られなくなった女性のこと。

MERI KANZAKI

MESURYOKU SNS

（プレミッション）

PRE MISSION

THEME

SNSという武器をカスタムし、男心を撃てる女に武装すべし！

貴女のInstagram、Twitter、Facebook、マッチングアプリ。男性目線で見たときに近寄り難い内容になってはいませんか？　または、私生活や感情をダダ漏れさせすぎてミステリアスさのカケラもなく、男性の「この子のこと、もっと知りたいなぁ」という好奇心（恋心）を掻き立てるような要素のないものになってしまってはいませんか？

ここではまず、貴女のSNSを「男性に魅せる武器」としてカスタムしていきましょう。

❶ アイコンは第2の顔！　詐欺りすぎても、ありのますぎてもアカンのや！

アイコンに関しては、世代によって必要な「メス力」が変わってきます。

10代後半～20代前半の方は、**同世代の男性と同じテイストで写真を色々と加工してもOKでしょう**（「男性と同じ」というところが好感度を外さないポイントです）。

20代中盤～20代後半までの女性は、恋愛対象が年上の社会人男性になってくることも多いと思います。そうすると、20代前半までのテンションで加工したアイコンは「この子、実物と違いすぎじゃねw」と引かれてしまったり、ネタにされてしまうことが多くなり、損をしてしまいます。**美肌加工はしっかり効かせ、別人に化けるのではなく、実物（リアル）の貴女をちょこっと加工して美人にすることをイメージしてください**（顔のパーツ・輪郭をイジりすぎないこと！）。

30代以上のオトナ世代になると、急に「加工した顔とか友達に見られると恥ずかしい……」とやけに遠めの写真をアイコンにしたり、ありのままますぎる写真をチョイスして（シミ丸写り）、「痛くない私」感を出そうとする傾向があります。が、男性からするとそのアイコンは魅力的には映らないのです……。

オトナ世代の貴女の魅力を引き立たせるには、緑や海をバックに友人に撮影してもらった、自然な笑顔の写真を美肌加工することです（友人に頼めないなら自撮りでもＯＫです）。

世代によって「ステキ」は微妙に変化しますが、とにかく**別人レベルの加工をしないこと、笑顔を意識すること、色気より爽やかさを意識すること**は、男心をくすぐる上で絶対だと覚えておいてください（色気を意識すると「おクズ様」が大量に釣れるので要注意）。

❷ 割り切って婚活用アカウントを作るべし！

アイコンだけ変えたところで、貴女が何も考えず数年運営したアカウントには、男性が「え？」と思う情報がぎっしりと詰まっている可能性があります。ここで、どんな投稿が男性から引かれてしまうのか、お伝えしていきましょう（永久保存やで）。

男性がドン引きする内容・見せなくていい内容

◆元彼との写真や男友達とつるんでいる写真（「この子男関係ダラシない」と思われます）

◆ハイブランドの投稿（貴女が頑張って買ったものでも、やりすぎるとパパ活を疑われます！
男性からのこの手の相談めっちゃ多いんや……）

◆高級ディナー・高級ランチ的な投稿（これもパパ活やギャラ飲みを疑われますし、一般的な男性はお金が掛かりそうなニオイのする女性を敬遠する傾向があります！）

◆謎のセクシーショット（軽そうに見え、遊び相手の男を探していると思われます）

◆愚痴・社会への不平不満（面倒くさそうな女性に見えてしまい、魅力が消えます！）

◆芸能人への中傷（自分に置き換えて想像してください、芸能人を中傷している男性、ドン引きしませんか？）

◆特定の芸能人を推している（「俺じゃ敵わないかも？」と思われてしまうのです……推しがいることは、最初は秘密にしておきましょう）

◆政治的な発言（「俺と思想が違う」と思われると恋愛対象に見られない可能性があります）

◆別人級の加工写真（「誰やコイツｗ」と笑われてしまう可能性大）

◆別人級の肉体加工写真（「おいおいどう見ても、あんなカラダしてねぇじゃんｗ」と引かれます）

生理現象の投稿（「便秘辛っ！　お腹パンッパン！」「生理2日目でダルい〜」などは、品がなく見られます。男性は「朝○ちしちゃった、俺も若い証拠！」「下痢で遅刻した」など、生理的なことは発信しませんよね？）

貴女が今まで各SNSでこれらの投稿をしていたとしたら、数日かけてでも、アーカイブに移動（Instagram）、削除（Twitter）、公開設定を変更（Facebook）してください。

「え〜？　膨大すぎて面倒くさいんだけど！」という方は、今使っているアカウントを鍵付きに変更して、新規で婚活用アカウントを作成してしまいましょう（Facebookはわりと簡単に公開設定を変更できたハズです）。

特にSNSで愚痴を吐いてストレス発散している人は、絶対に鍵付きにするなどして彼に見つからないようにしてください！

なぜそこまでするのかと言うと、これらの投稿をたとえるなら、スッピンボサボサ、スウェット姿で、かつ家の中がとっ散らかっている状態で、初めての男性を招き入れるようなものなのですよ（ヤバさ伝わりますか？）。「うへぇ……なんか思ってた子と違うかも」と相手の淡い恋心は消え失せることでしょう。

SNSは第2の貴女であり、自宅でもあるのです！

彼氏が初めて貴女の家に訪ねてくるときを想像してみてください。しっかりとメイクして、髪もセットし、シャワーを浴びて無駄毛も執念深く剃り、冷蔵庫の中から、棚の上にどっちゃり溜めておいた郵便物から、バス、キッチン、ぜ～んぶ綺麗に片付けるハズです。ついでに使っていないコスメや、いつの間にか賞味期限切れしていた調味料も捨ててしまうことでしょう（うは！　平成の調味料発見）。

それくらい見られている意識と羞恥心を、SNSという第2の自分にも持ってください！
今のまんまのSNSで男心を撃とうなんて、ど厚かましいです！

さて、ここからは男心を撃つ、SNSの作り方をお伝えしていきましょう。

男性向けSNS武装7カ条

一、**写真は盛れたものだけをたまに載せること**（ポイントはキメキメの自撮りではなく、他人撮りや、自然な笑顔だけ〝たまに〟載せること）

二、**好きな漫画やアニメを載せて取っ付きやすさを演出**（キラキラ投稿より、親近感が大切です！　ただ、ガチの推しっぽい投稿より、何事にもサラッとした投稿を意識してください! 推しへの愛は裏垢で発散しましょう! ただし同じ写真を使い回しすると身バレするので要注意!)

三、景色・お花・動物(何か投稿したいことがあったとき、自撮り写真で投稿するよりも、こういった写真で投稿する方が好感度が高く、全体のバランスが取れます)

四、前向きな話以外投稿しないこと(仕事への姿勢、生きる姿勢など前向きな内容で締めくくって)

五、私生活をあまり感じさせないこと(毎日どんなルーティンで生きているのか感じさせないこと! 部屋の中やコーデの投稿、手料理の投稿もやめておきましょう!)

六、長文を投稿しないこと(長文になると、女性はいろんな感情がダダ漏れしてしまい、ミステリアスさが消えてしまいます。そもそも長文を投稿しなければそれを防ぐことができます)

七、家族・友人を載せすぎないこと(どんな交友関係なのか? 家族はどんな人なのか?を感じさせないこと。ネットストーカー防止にもなります)

女優さんたちの投稿をイメージしてください(料理や、自宅は載せないタイプの女優さんです)。キメキメの自撮りもなく、たまに他人撮りが載っていて、基本的には風景など……。

自分語りもなく、私生活も見えず、自慢も少なく、でも好印象ですよね。

SNSを男性向けに武装すると考えたときに、あれくらいがベストなんです。盛れている自撮りや他人撮りがチラッと載っている……。でも何を考えているのか？　どんな生活をしているのか？　ちっともわからない……。

「あ～、かわいい……会って話して～な～！　この子のこと知りて～な～」と妄想させることができる塩梅《あんばい》なんですよね。**SNSでいろんなことを発信してしまうと、それだけで相手の好奇心を満足させてしまうということなんですよ。**

男性の好奇心をうまくくすぐることができる女性は、男性を恋に落とすこともたやすいということなんです。

恋愛は会っているときが勝負です。会ってナンボです。

だからこそ、貴女のことが見えそうで見えない、実際会って話さなきゃ貴女のことを感じられないSNSこそが、男性の好奇心をくすぐる武器となるのです。

さぁ、今すぐ武装開始です！

LINEのメス力4カ条

一、明るいこと！

よほど落ち込んだことでもない限り、どんより暗い内容や人生への不平不満的な内容をＬＩＮＥしないでください！　**彼は貴女の愚痴の吐き捨て場でもカウンセラーでもありません。**貴女に恋する（または恋するかもしれない）１人の男性だと心得て！　男性は明るい女性とどんどん連絡を取りたくなるものなのです。

二、さっぱりしていること！

ここの解釈に要注意！　**さっぱり≠冷たい・突き放している、です。さっぱりとは過去のことを引きずったり、彼をネチネチと責めたりしない、粘着質でない女性のことを指しています。**それくらい多くの女性が、彼を責める道具としてＬＩＮＥを使ってしまっているのです（地雷ちゅど〜んやで）。繰り返していると彼は貴女からのＬＩＮＥを開くことが怖くなってしまうことでしょう……！

三、短文で感じがいいこと！

原則、異性へのＬＩＮＥは短文を心がけてください！ ダラダラとオチもなく、「今日ヨシコとランチしてさ〜！ その後、伊勢丹寄ったんだけど〜」「昨日ね、海外ドラマ見たんだけど、見てて思ったんだけどヨシオ君と私ってさ〜」など日記じみた内容や、感情がみっちりこもった長文を送られても男性は目が滑ってしまいます。しかも**長文になればなるほど男性は「コイツ、俺に惚れてるな？」と思い込んで、狩猟本能が萎え、手を抜き出します。**しかし短文を意識すると、素っ気なくなってしまう女性が多いので、適度に絵文字などを交え、**感じのよい反応**を意識しておくのが大切になってきます（後ほど例を出していきます）。

四、自分からガンガンＬＩＮＥしないこと！

皆様に男性心理の法則をお伝えいたします。男性は惚れた女性には自分から連絡しまくるものです……！ 彼や好きな人からＬＩＮＥが全然来ない場合、貴女はさして惚れられていません（激辛口）。しかし本書の「ＳＮＳメス力」に則っていけば、「ど本命彼女」として昇格することもあるかもしれません。自分からガンガンＬＩＮＥして相手と繫がりたい己の欲求（これをやると男性は余計逃げます）をまずは、グッと堪えて、**男性が追いたくなる女＝ＬＩＮＥしたくなる女を目指していきましょう！**

異性とのＬＩＮＥで大切なことは、いつ何時でも即レスで、感情ダダ漏れさせてくる、ミステリアスさのカケラもない女性になり下がらないことです（追いかける価値がないんです）。

貴女が「ヨシオから返信来るかな♡」とワクワクする気持ち、確かに恋愛の醍醐味です。でもそれに振り回されず、**相手にも同じようにワクワクドキドキして欲しい、それにはどうしたらいいのか？　ということをイメージすることが重要になってきます。**ＬＩＮＥのメス力４カ条を実戦すれば、彼をドキドキさせる側になれるということですよ。

まずはしっかりとこの基本を頭に叩き込んでくださいね。

(ミッション1)

MISSION 1

THEME

初デートに誘わせる

デート前に、遊び目的の男を見抜けるようになる！

マッチングアプリで知り合った男性や、合コンで知り合った男性。「メリ子ちゃん、お疲れ様～！　早く会いたいなぁ♡」なんて好意全開のＬＩＮＥをしてくるものだから、ついつい「運命の人に出会えちゃったかも！」と浮かれてしまうことってありますよね。

そうしてウキウキで初デートしたのに（ワンピース新調・美容院にネイルもバッチリ）、男性はあからさまに遊び目的で来て、ショックを受けてしまったというご報告、神崎メリのところにも殺到しています。

例えばこんなＬＩＮＥが来たとき、「どうしよ～♡　恋の到来かも♡」と浮かれてしまった経験はありませんか？

・「おはよ～」「おやすみ」とマメにＬＩＮＥしてくれる
・「今日ランチで天ぷら食べたんだけど、美味しかったから一緒に来たいと思ったよ」と日常生活で君を思っているよアピールをしてくる

・「初めて会ったとき、すっごくタイプでびっくりしたんだ♡」とか送ってくる
・「メリ子ちゃんの写真見たいな～」と写真をせがんでくる
・「俺たち合いそうな気がするんだよね♡」と運命をほのめかしてくる
・キレイな風景などを写真してくる

❖うっかりデートしたら下心ダダ漏れ「おクズ様」だった事件

知り合ったばかりの（または会う前の）男性からこんな風にアプローチされてしまうと、「元彼はマメじゃなくて寂しかったな……やっぱり『ど本命』の人ってこんなに熱心なんだぁ♡」と感動すらしてしまったりするんですよね……。

その感動と、今度こそ「ど本命彼女に選ばれるんだ」という期待を胸にスキップしながら（心の中でな）デートに挑んだら、男性からベッタベタボディタッチ祭り！

勝手に私の髪の毛を耳に「スーッ」ってかけてくるわ（近っ）、横並びの席で気安くももに手を置いてくるわ、手を繋いでくるわ（は？　キッショ！）、道を歩いているときに馴れ馴れしく腰に手を添えてくるわ！

最終的に「もう帰っちゃうの？」と捨てられた子犬みたいな顔をあざとく作って、暗に（ホテル行こうや……）と誘ってくる（そのまま捨ててやりてぇ……）。

「……いや、帰るよ」「これだけは伝えさせて！　俺メリ子ちゃんとお付き合いしたいんだ」「……まだお互いのことよく知らないし」「お互いのこと知るの確かに大切だよね！　カラダの相性も俺は大切だと思うよ♡　Hしてから考えてみよ？（ビッグスマイル）今夜離れたくないよ（クーンクーン顔）」

出ました。カラダの相性大切男！

付き合う前にまずお突き合いしましょうとのたまう「おクズ様」！

私たち女性に好きだのかわいいだの、付き合おうだの「エサ」をチラつかせれば、簡単にHさせてくれると勘違いしている、この発言！

（こんなセリフ、こんな安い扱いをされるために私はこの数週間、恋心を膨らませて、ウッキウキで洋服選んで、なんなら新婚生活のことまで妄想してきたのか……。ははは。いつもは絶対選ばない、男ウケしそうなワンピ着てる自分が滑稽すぎるわ。泣）

こんな風に相手を軽蔑する以上に、自分にガッカリしてしまうのですよね（超わかるわ〜）。

時間を無駄にしないためにも、自分の心を傷つけないためにも、私たち女性はLINEの段階で遊び目的かどうか見抜く必要があるのです！

MISSION

ど本命か？ 遊びの女か？ 付き合う前のLINEで見抜くべし！

私たち女性は、相手にとって自分が「ど本命」であると確信するまで、あくまで冷静に相手をじっくりと観察しなくてはいけません。

なぜなら、貴女に寄ってくる（口説いてくる）男性のほとんどが遊び目的の「おクズ様」だからです。それほどまでに男性は性欲によって動くものなのだと心得ておいてください！

「おクズ様」はマッチングアプリなどで、「会ったその日にできちゃう」イージーな女性を探しています。甘っちょろい言葉を吐いて、ボディタッチして（私たちの）性欲を刺激すれば、インスタントラーメンよろしく、サクッとチュルッとHできるものだと信じているのです。

そう、現代はSNSを活用して運命の人と巡り合いたい女性たちと、お手軽にセフレを作

りたい男性との戦場となっているのです。下心を見抜かなくては戦に負けてしまうのです。

【朗報】しかし相手が結婚詐欺師レベルの手慣れた男性でもない限り、男性の本心・本音（下心）は会う前のＬＩＮＥで見抜くことができます！　文面からイヤらしさがほとばしってしまうケースも多いですが、**それ以上に絵文字使いに表れるケースも多いのです！**

❖ど本命候補の男性と遊び目的の男性、ＬＩＮＥの違い

突然の「焼き肉行こう！」のお誘い。「ど本命候補」の男性は、「できれば今夜食事したいなぁ！　でもあんまり強引だと嫌われちゃうよね……」と押しと謙虚さのバランスが取れています。チャラい絵文字も使いません。

下心満載の「おクズ様」は性欲のみに突き動かされています。好意のありそうな絵文字を乱用し、強引なのがポイントです。女性に対して好きっぽい絵文字を使いさえすれば、「え〜？　○○君、私のこと好きなのかなぁ♡」と思わせられる、押す行動のひとつだと考えています。

かつ、**これは彼らの「早くＨしたいよぉ」との思いが絵文字の姿を借りてＬＩＮＥに降臨しているとも言えるのです**（笑）。

ＬＩＮＥで下心を簡単に見破るポイント

・「😘」「💘」「😍」「🥺」「💕」「😻」などハートやラブラブな顔、動物などのかわいい絵文字を乱用しがち！
・「会いたい」「待ってる」「今〇〇駅にいるよ（女性の勤務先最寄り駅）」などいきなり会おうとするし、なかなか引かない！
・「メリ子ちゃん」「メリ子」など名前を呼びかけてきがち
・「そんなに優しくされたら俺好きになっちゃうよ〜😍」など些細な世間話で暴走し、すぐに恋愛に結びつける

貴女が今までやり取りした「おクズ様」、笑っちゃうくらいこのケースに当てはまるハズです。

このようなＬＩＮＥが続いた場合、その男性は貴女と１秒でも早くＨすることしか考えていません。本気の男性は貴女に少しでもチャラいと思われてしまうことがイヤなので、ＬＩＮＥでも「押しつつ紳士なやり取り」を心掛けるものなのです。

「あ、この人チャラいな？」と感じたら返信をせずこの段階でフェードアウトしていくこと

NG 男性の絵文字がハアハアしすぎているしガッつきすぎで突然の呼び捨て

おクズ様

おクズ様

メリ子ちゃんお疲れ〜
今日恵比寿に
焼き肉行こうよ！
17:05

ゴメン！ LINE 今気がついた
今日は残業でムリそうだからまた
誘ってね
既読
18:45

おクズ様

マジか！仕事何時に終わる〜？
俺今日ヒマ人決定だから待てちゃうよ（笑）
メリ子も疲れてるだろうから、美味しいもの食べさせてあげたい
18:48

OK 押しつつしつこくない男性

ヨシオ♡

ヨシオ

お疲れ様
ダメ元なんだけど今日恵比寿の焼き肉に行かない？
17:05

ゴメン！ LINE 今気がついた
今日は残業でムリそうだからまた
誘ってね
既読
18:45

ヨシオ

了解
来週とか予定どうかな？
18:48

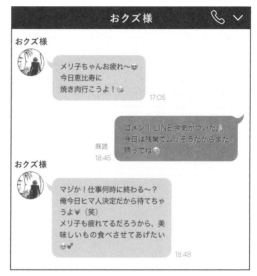

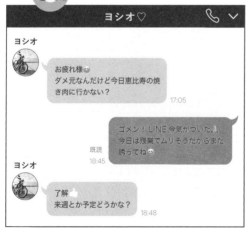

をオススメします。

仮に貴女が「結婚前提の人としかお付き合いしません！」と言ったところで「しよしよ♡むしろ俺もしたいと思ってた！」とかテキトーな返事をしてくるものです。

LINEやマッチングアプリのやり取りの時点で、シビアに遊び目的の男性を見極めてお見切りすることは、出会いの段階で時間と心を消耗しないためのメソッドでもあります。実際にデートして「ウワッ！　モロにカラダ目的やん！　時間返せ！」とならずに済むのです。

ちなみに彼らは既読スルーされてもしつこいです。常に数人の女性に同じことをしているので、１人の既読スルーくらいではへこたれませんし、押して押して押しまくって１回でもＨできたら儲け物なのです（私は実際に数カ月メールが続きました。私が好物と伝えた焼き肉の写真が延々と届いたのですが、肉に釣られるほど安くないのです……笑）。

なので、既読スルー・未読にしたままでＯＫ！　相手にしないに越したことはないのです。

変な情など「おクズ様」にはいりません！　さっさとお見切りして、その時間を「ど本命」探しに使いましょう！

MISSION まとめ COMPLETE

- 現代のＳＮＳ社会は恋愛したい女性とＨだけしたい男性の戦場と心得るべし
- 戦いに勝つには絵文字使いや強引なやり取りでおクズ様を見抜くＭＩＳＳＩＯＮを遂行すべし

LINEのやり取りだけで片思い中の彼のハートを撃ち落とす方法

胸がギュッと苦しくなる片思い……。

相手のLINEのアイコンにジッと見入ったりして、「はぁ……彼からLINE来ないかなぁ」とため息……。自分の方からもLINEしたいけれど、前に「元気😊？」ってLINEしたとき、「おう！　元気だよ～？　そっちは？」って返事が来て、ドキドキしながら「元気だよ😊　今度ご飯でも行こ～よ！」って勇気を出して秒でレスしたのに「OK👍」でやり取り終了……。待てど暮らせど、いつ行こうとか具体的なLINEも来なかったし……もう、自分からLINEする勇気が出ないよ～(涙)。

そこからは彼のSNSが更新されていないかこっそり巡回する日々……(女の影がありませんように！)。

元々LINEのやり取りをする仲でもない限り、多くの女性がこのような「LINEしたいけど、できない」「LINEしたけど、続かない」ループに陥ってしまいますよね……。例えばこんな挙動不審な行動になってしまいがち！

すぐに打ち切られて落ち込んでしまうＬＩＮＥ

・「元気？」と送っても話が続かない
・「今度遊ぼ～」と勇気を出したのに日程が決定せず終了
・「今、〇〇来てるよ～」とか共通の話題を探して自分実況するも「お？　楽しんでね」で終了

「好きな人とのＬＩＮＥ、難しすぎるぅぅぅ……！」

本当に不思議なモノで、どうでもいい人には気にせずサクッとＬＩＮＥを送れるし、「いつにする～？」って具体的な話にならなくても、いちいち「嫌われちゃったかな？」なんて凹みもしないのに、好きな相手に対してはたった1本のＬＩＮＥがやらかし大事件に感じてしまうのですよね……（うわ～んなんかやらかしたかな？　これまでのＬＩＮＥのやり取りを読み返しまくる）。

「メス力」では恋愛の本番はＬＩＮＥではなく、会ったときと提唱しています。が！　ちょ

くちょく顔を合わせることのある関係（マメに会う友人グループ・職場関係など）であれば、LINEじゃなくても女性からアクションを起こすことができるもの。

しかしそうそう会えない関係なら、なんとかLINEで相手のハートを撃ち落としたいもの……。片思い成就のためのMISSIONをお伝えしていきましょう！

MISSION 「相談女」になりすまし、男の得意分野にアプローチせよ！

好きな男性とLINEしたい乙女心、神崎メリも理解しています。

ですが、ただ闇雲《やみくも》にLINEを送りつけたり、やり取りをするだけじゃ、男のハートを撃ち落とすことはできないのですよ！

これは恋愛に限らずすべての人間関係で言えることなのですが、相手の需要（他人からこう思われたいという願望）を満たすこと。これこそが相手のハートをつかむ極意なのです。

男性は女性から、頼りになると思われたい、一目置かれたいという願望を密かに持ってい

ます。ここをしたたかに狙い撃つのが、「相談女」たちです。

人の彼氏（夫）でも「〇〇さんにしか話せないことがあるんです……」と相談を持ちかけ、男の庇護《ひご》欲をくすぐり「この子には俺しかいない」と勘違いさせて心を奪い去る、彼女たちの技！　世界中の女性たちがこの手の相談女に手を焼いています。「あの子おかしいよ！　話さないで！」と彼に言えば言うほど、「俺の彼女は弱っている人間に対してこういうことするんだ……」と気持ちが向こうに傾いてしまうのです（俺を頼りにしてくれる子、守ってあげなきゃ！）。

そう、効果テキメンのこの技を、貴女が片思い中の彼にやってしまえばいいじゃん！　ということです（人の彼への悪用は禁止やで？）。

❖ 男のプライドをくすぐる、お仕事の相談！

相談と言ってもなんでもいいというワケではありません。女同士のイザコザや、人間関係のトラブルなど「感情」にまつわる話は、男性からすると本領を発揮できる分野ではないのです。男性が張り切るジャンルと言えば、やはり仕事など「狩り」にまつわる分野です。

❖相談と愚痴を履き違えないこと！

NGバージョンのLINEを送ってしまう女性がやらかしがちなのが、「私の感情を受け止めて欲しい」になってしまっていることです。「感情」の相談になると多くの女性のLINEがこうなって、冷静に物事を判断する男性から「距離置けばいいよ！」と締めくくられてしまい、男のハートを撃つどころか、やり取りが終了してしまうのです。

OKバージョンは、仕事に限らず、相手の得意そうな分野にアプローチすることができます。

「私も〇〇始めたいんだよね！　教えて♪」が基本スタイルです。

そうして、「内緒だよ（貴方だけだよ）」「参考になる」「勉強になる」「聞いてよかった」「頑張ってるよね」など、**男性のプライドをくすぐるような「飴ワード」を大げさじゃなく、サラサラと文面にちりばめるのです**（ちなみに自分から相談を持ちかけている場合、ポンポンと即レスし合って大丈夫！）。

後日必ず「あの件、参考にしてみたよ〜♪　本当に〇〇だった！　ありがとう！」とサラッと感謝のLINEもしてください。

「相談に乗る→感謝される」のループで、気分をよくした男性は「近々メシでもしようぜ」と

NG 男心をくすぐらないLINE

ヨシオ♡

ヨシ君元気？
ていうか聞いて
ヨシ子が本当にあり得ないこと
ばっかりしてくるんだけどさ
おかげで今グループで孤立してて
ムカつくんだよね

既読
21:02

ヨシオ

え〜マジか？大変だな！
でもまぁそういう奴とは距離を置
いてもいいんじゃない？
応援してるよ〜

23:05

ただの愚痴になっている
から男性からすると面倒
くさいだけ

OK 相手が真剣になるLINE

ヨシオ♡

ヨシ君元気？
前にヨシ君転職したって話してた
じゃない？それで色々相談したく
て（転職の話はまだ誰にもしてな
いからヨシ君以外には内緒でお願
いね）転職エージェントとか通
した？それともヘッドハンティン
グ的な感じだった？よかったら
色々教えて欲しい

既読
21:02

ヨシオ

メリ子も転職考えてるんだ？俺の
ときは、転職エージェントとかい
くつか登録して、マメに面接とか
受けてたよ、うるさい会社だから
午後休取るのがしんどかったｗ

23:05

うちも午後休取るの大変かもｗ
でもめちゃくちゃ参考になりそ
う！どこのエージェントに登録し
たか、教えて欲しい〜！ていうか
転職してから雰囲気変わったよね
いい意味でね

既読
09:10

仕事の相談＆飴ワードで
男性の庇護欲を掻き立て
る MISSION 成功

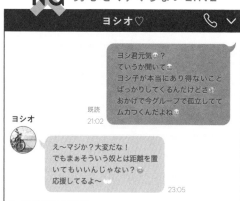

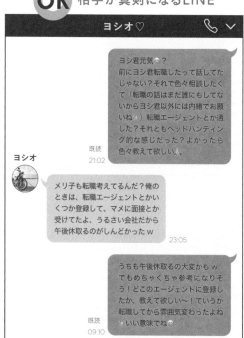

誘ってくるケースが多いのです！

ここで要注意！　貴女がどんなにヒマ人でも「今日でもいいよ」「今週いっぱい空いてるよ〜」「いつならいい？　お店予約しておくよ！」とヒマ人オーラ・尽くしオーラを出してはいけません！　これをやってしまうと、**デートはできたとしても、「ど本命彼女」になる土壌が耕せないのです！**

「了解だよ♪　22日と25日ならOK✨　オススメのお店あるなら行きたいなぁ〜」と日時を指定し、お店選びの主導権を相手にサッと渡してしまいましょう。予約してくれたら「予約してくれてありがとう！　楽しみにしてるね♪」とさらに「飴ワード」を送るのをお忘れなく……♡

MISSION まとめ COMPLETE

- **ただLINEをするだけでは彼のハートは撃ち落とせません！　頼りにされたい、一目置かれたい男性心理を狙い撃ちするべし！**
- **相談の中に男のプライドをくすぐる「飴ワード」をたくさんちりばめデートに誘わせるべし！**

LINEで好きバレはNG。距離感は、どこまで詰めてOKか

好きな人へのLINEって、送る前に何十回もこれでいいのか確認しちゃう。絵文字一つひとつにまで「これでいいかな……？」と悩んだ挙句に、親友に「これでいいと思う？」とコピペして事前確認ヨシ！

ドキドキしながら「えいっ！」と送ったのに、ちっとも既読にならない……（数分おきに確認）。既読になった瞬間、慌ててトークから出るけれど（ヤバいw秒で既読付けちゃうw）、そのままさかの既読スルー（失神）。翌日、スタンプだけで終了だ～（片思いあるあるやなぁ……涙）。

そこの貴女！　この流れ、身に覚えがあるハズですよ！

全身が心臓になったたんじゃないかレベルでドキドキハラハラしていたのに「……スタンプだけ？（泣）」と脱力しちゃうんですよね～。

「も～～～～～～！　送らなきゃよかったよ～」「え～～～なんか嫌われるようなこと送ったかなぁ？」って何度もトーク画面を見つめるけど、ちっとも原因がわからない……。

こんな風に一生懸命考えたLINE、盛り上がらないのはなぜ？

・いつもより絵文字をたくさん使っている
・等身大の自分よりかわいい文面を意識している
・送る前に何度も読み返して、添削している
・友人にも内容を送って確認を取る場合もある
・素っ気なくならないように丁寧&長文を心掛けている

ここまでして、なんでスタンプ1個で終了なんじゃぁ～（大号泣）。

自分の中にある乙女度を100％まで高めて、丁寧なLINEを心掛けているのに……。
全然関係が進展しないどころか、まともに相手にもしてもらえないと、もうLINEすることすら怖くなってしまいますよね……。しかも彼のSNSのコメント欄を覗きに行くと、女友達と「ヨシオウケるｗ」「そのままお返しします（笑）」なんて軽口叩き合って楽しそう……。

「なんで私は軽くあしらわれるの……？　この子となんかあるのかなぁ？　まさかセフレと

か!?」とモヤモヤ（気がつけばその子のSNSを全チェックして数時間経過）。

片思い中の女性が送る、丁寧で長文でキラキラしたLINE……。
実はコレが原因で自爆しちゃっているとお気づきでしょうか？
長文キラキラLINEは男性からすると好きバレ度100%！

よほど貴女が相手のどタイプの女性でもない限り、こういうLINEを送ってしまうのは、

❶ カラダ目的の「おクズ様」が「お？　この子抱けそう？　ラッキー案件やw」とつけ込んでくる

❷ まだまだ貴女のことを異性として意識していないので「重いな」と警戒されてしまう

このいずれかのパターンになってしまい、「今は脈ナシ」の彼に「ど本命脈」を作ることはできず、片思いが成就しないというワケなんです！

MISSION

好意をダダ漏れさせず、まずは気軽にLINEできる仲になるべし！

男性は本能的に「重い女」がとにかく苦手です。
それはたとえ「ど本命彼女」であったとしても、重荷に感じてしまうもの。なので、淡い好意・脈ナシの段階で、ズッシリ長文のキラキラLINEが届くと「WARNING!! 地雷女出現！ **逃げるべし!! 逃げるべし！」と逃走本能が刺激されてしまうのです！**

これを避けるためには、貴女自身が意識改革をしなくてはいけません。それは、相手を好**きな人として扱うのではなく、男友達のように気軽な存在として扱うことです！**

NGバージョンは、「なんか一世一代的なお誘い来たな」と男性から警戒されてしまうケース。**ハートマークや、絵文字の組み合わせ、下の名前を連呼しすぎ、2人きり感を出しすぎてしまっています。**

NG 長文で女の子らしくキラキラしすぎて好きバレしている

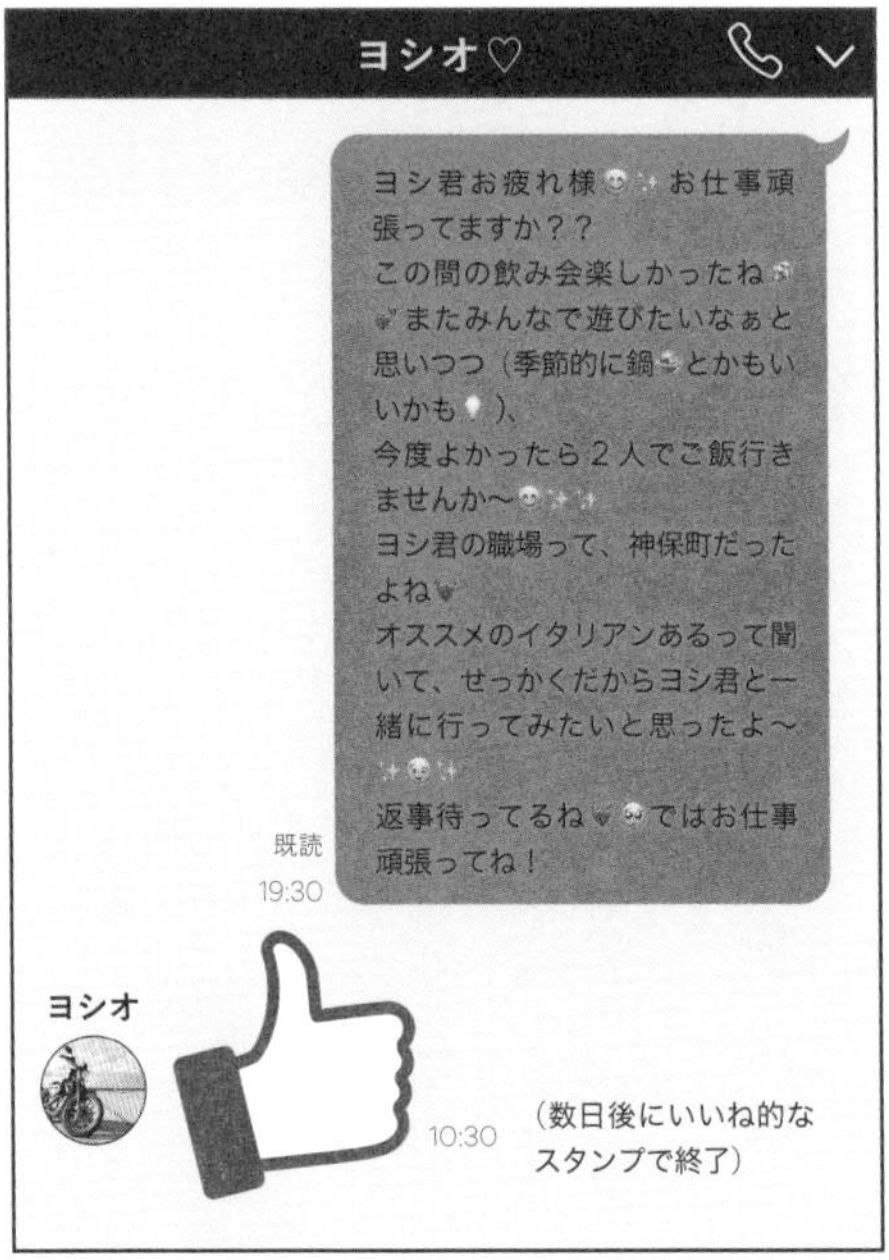
ヨシオ♡
ヨシ君お疲れ様 お仕事頑張ってますか？？
この間の飲み会楽しかったね またみんなで遊びたいなぁと思いつつ（季節的に鍋とかもいいかも）、
今度よかったら２人でご飯行きませんか〜
ヨシ君の職場って、神保町だったよね
オススメのイタリアンあるって聞いて、せっかくだからヨシ君と一緒に行ってみたいと思ったよ〜
返事待ってるね ではお仕事頑張ってね！
既読
19:30
ヨシオ
10:30
（数日後にいいね的なスタンプで終了）

OK 軽いノリで相手に警戒されない土台作りのLINE

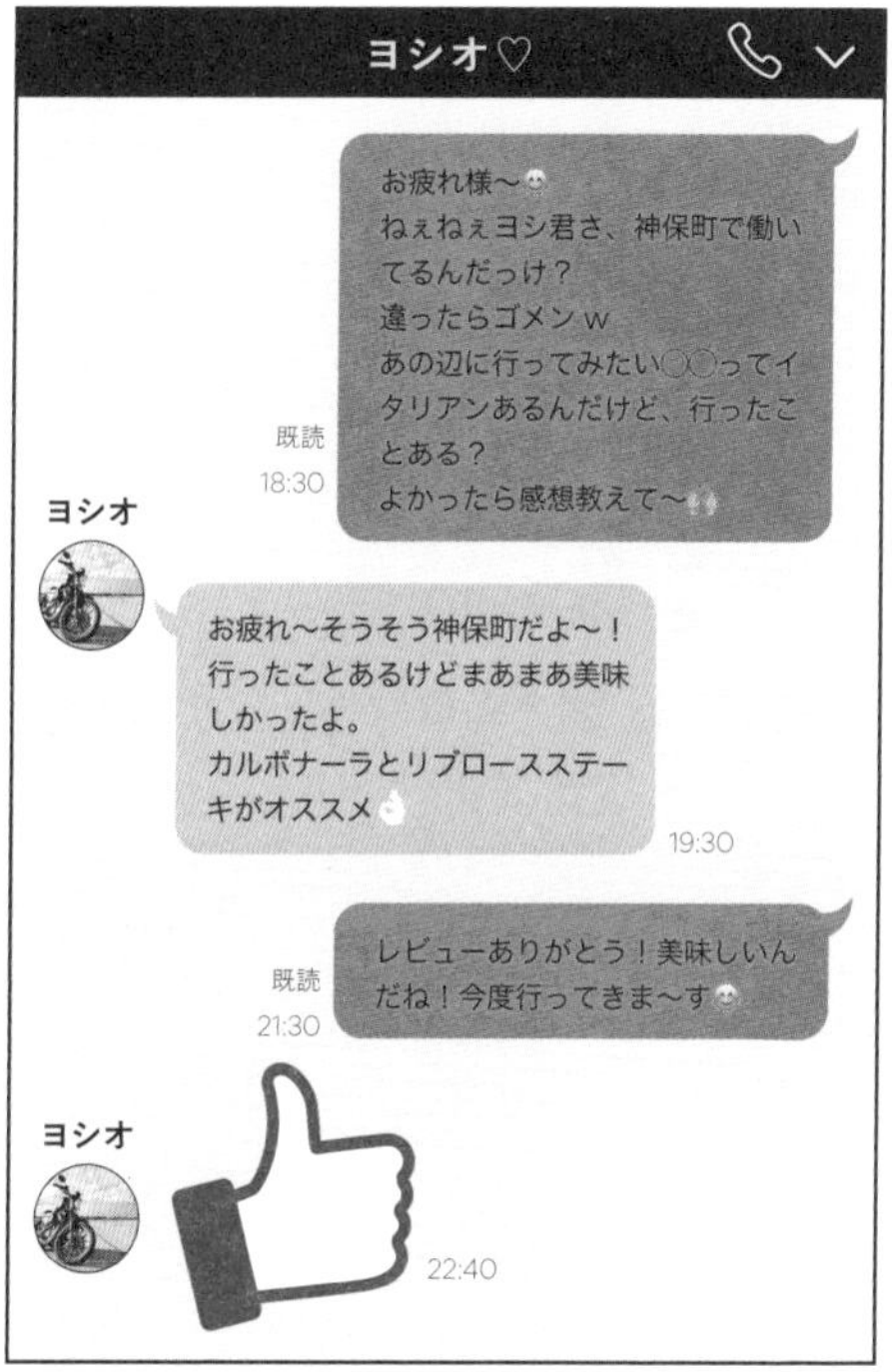

ヨシオ♡
お疲れ様〜
ねぇねぇヨシ君さ、神保町で働いてるんだっけ？
違ったらゴメンｗ
あの辺に行ってみたい〇〇ってイタリアンあるんだけど、行ったことある？
よかったら感想教えて〜
既読
18:30
ヨシオ
お疲れ〜そうそう神保町だよ〜！
行ったことあるけどまあまあ美味しかったよ。
カルボナーラとリブロースステーキがオススメ
19:30
レビューありがとう！美味しいんだね！今度行ってきま〜す
既読
21:30
ヨシオ
22:40

これに食いついてくるのは「おクズ様」か、「ど本命候補」の男性です。脈ナシ段階の男性には逃げられてしまうでしょう……。

ＯＫバージョンの場合、**これはどう見ても「男友達」扱いです。**

長文も打ちませんし、サクッと本題に入り、即レスもしませんし、デートに誘ってもいません。しかしこういう気軽なやり取りが後々（Ｐ58相手の好きなモノの写真を送るなど）のＭＩＳＳＩＯＮで効いてくるのです（そこからデートに繋がっていきます）。

まずは、軽快なＬＩＮＥをすることで、相手の警戒心を解いてください。

「でも、即レスしないと失礼ですよね？」という貴女、**友人間のＬＩＮＥでは忙しかったりして即レスできないのは当たり前ではありませんか？** ほら、ここの感覚からしっかり男友達モードに切り替えなくては意味がありませんよ！

片思いが成就しない女性は常に即レス、キラキラＬＩＮＥで、距離感を近づけようとしすぎて、男性に逃げられてしまいます。貴女は好意を押しつけてしまっているのです（重ッ）。**ハッキリ言うと焦りすぎなのですよね。片思いをＬＩＮＥひとつで成就させようとすると、必ずそのＭＩＳＳＩＯＮは失敗します。**

時間をかける覚悟で腰を据え相手を男友達扱いし、「付き合いやすい子」と感じさせ、気軽にＬＩＮＥできる関係に持っていきましょう。さぁまだまだＭＩＳＳＩＯＮは続きますよ♡

MISSION まとめ COMPLETE

- **キラキラとした丁寧かつ長文のＬＩＮＥは男性に警戒されてしまう**
- **デートへ繋げるためには男友達扱いをし、まずは軽快なＬＩＮＥをし合える関係になること！**

セクシーな自撮りよりも、男の心を鷲《わし》づかみにする写真の送り方

突然ですが、貴女は好きな男性に、自分の写真を送ったりしたことはありますか？

「今、礼子たちと新橋で飲んでるよ～」とビールジョッキを片手にニコッと首を傾げた写真（今から俺も行くよ待ち♡）から、「今、宮古島に来ています♡」と水着姿の写真（ビーチチェアに座って、胸を軽く寄せてかわいいカクテルを飲んでいる、上から撮った自撮り、あ、おみ脚もバッチリ入ってま～す）まで。

ハッキリ言わせていただいてもよろしいでしょうか？

貴女がしているそれは自撮りの押しつけです。その時点で相手のことを追いかけちゃっているのバレバレですからね～！

特にセクシーな写真を送っている、そこの貴女！

わざわざ自分からセフレ候補よろしくと言わんばかりに、男性のスケベ脳に写真撃ち込んでしまってどうすんねん？

撃ち込まれた男性からしたら、「おお♡　たまんね～これ俺のこと誘ってるよね？（性的な意味で）」とおクズ様モードに突入するのは当たり前のことなんですよ（単純な男脳）。**こんな写真の使い方をしているうちは、「ど本命彼女」には程遠いぜ？**　と神崎メリはお伝えしたいのです（キリッ）。

とはいえ、貴女が好きな男性に写真を送りたくなってしまう気持ちもわかるのです。**正直、やり取りのネタが欲しいじゃないですか？**　恋しているから、頭の中は常に「はぁ♡　ヨシオ君今何してるかなぁ～」モードですもの。だからつい目についたモノを、「そうだ！　これ送っちゃおう♪　ＬＩＮＥネタ発見発見！」とばかりに送ってしまうのですよね……。

好きな男性とのLINEネタとして送ってしまいがちな写真

・カフェで撮ったスイーツの写真
・「今○○にいるよ～！　超人すごい！」的な実況写真（初詣・ハロウィン・クリスマスの人混みなど）
・「前髪切ったんだ！　似合うかな？」などの自撮り全般

・共通の友人との写真「飲んでるよ〜♪」
・旅行、帰省中の写真（風景・自撮り・実家の犬猫・祖父母etc.……）

この類の写真を送ってレスが来たとしても、彼の心は撃ち落とせないことでしょう。だって貴女が彼と繋がりたいだけの一方的な「恋心＝欲」なんですもの。

何度でも皆様にお伝えしたいのは、**自分の欲をLINEしたところで、男性の心を揺さぶることはできないということです。**

これは恋愛以前のお話になりますが、人の心を揺さぶり、動かし、鷲づかみにするには、相手のニーズを理解していなきゃいけないのですよ。

人間って、誰しもが自分を理解し、リスペクト（尊敬）して欲しいという欲を持っています。特に男性はこの欲が強い傾向があります。そこにLINEを撃ち込んでいく必要があるのです（メス力豆知識：女性の愛されたい欲＝男性のリスペクトされたい欲）。

貴女が送った、その実家のワンコの写真。確かにかわいいですね。100歳超えたお祖父ちゃん、長寿で素晴らしいことですね！　北海道旅行ですか？　私も今一番行ってみたいですよ！

でもそれらは彼のことをリスペクトしたり、褒めるために関係のある写真ですか？

恋を成就させるためには、もっとしたたかに写真を活用していきましょう！

MISSION
たった写真1枚で、「この子は俺のすごさをわかってる！」と感動させるべし！

うまく写真を使えば男性の心を撃つことは可能です。

ひとつ前のMISSION、「LINEで好きバレはNG。距離感は、どこまで詰めてOKか（P46）」を読み返してください。メリ子はヨシオにお店の感想をLINEで聞いています。**アレは実はオトリMISSIONです。**

このネタを使って、彼を褒めるために写真を使うのです（ニッコリ）。

NGバージョンは、自分の日記配信状態になっています（女性同士でも多い！）。男性はこれをやられると「で？」「なんで俺に送ってくるわけ？」と感じてしまいます。1ミリも彼の心を揺さぶることはできませんし、下手するとうっかり登録した公式アカウントからの宣伝LINEと同じ扱いをされてしまいます（必要ないし通知切っとこ〜）。

相手のニーズ（リスペクトされたい！ 褒められたい！）に寄り添わず、自分の欲（彼とLINEしたい恋心）を優先した結果がコレなのです（撃沈）。

わざわざカメラを起動して、写真を撮る意味がありません（辛口）。


OKバージョンは、前回ヨシオにリサーチしたお店に実際に行った報告を写真でしているワケです。**これなんですよ、相手のニーズを満たす写真の使い方というのは！**


人は自分がオススメしたモノを喜んでもらえると単純にうれしくなります。

貴女も友達にコスメなんかをオススメすることがあると思います。その相手が「買ったよ〜♡」と写真を送ってきてくれたりすると、うれしくなりませんか？

なにせ世の中、オススメを聞くだけ聞いてスルーする人が大半ですから！ 最悪な人は「私

NG いきなり脈絡のない内容と写真

ヨシオ♡
ヨシ君元気？
こないだ友達とご飯行ったよ〜
既読
20:45
既読
20:45
ヨシオ
（グッド的なスタンプで終了）
20:50

には微妙だったかも〜」とケチまで付けてきます。

人間の心に渦巻く「あぁ、誰かに褒められたい、讃えられたい！ リスペクトプリーズ！」

そんな欲望に、文面＋写真で称賛をカマす！ 写真というのはあくまで相手を褒めるための

OK 相手に聞いた情報を本当に実行したよ&それについて褒めて感謝

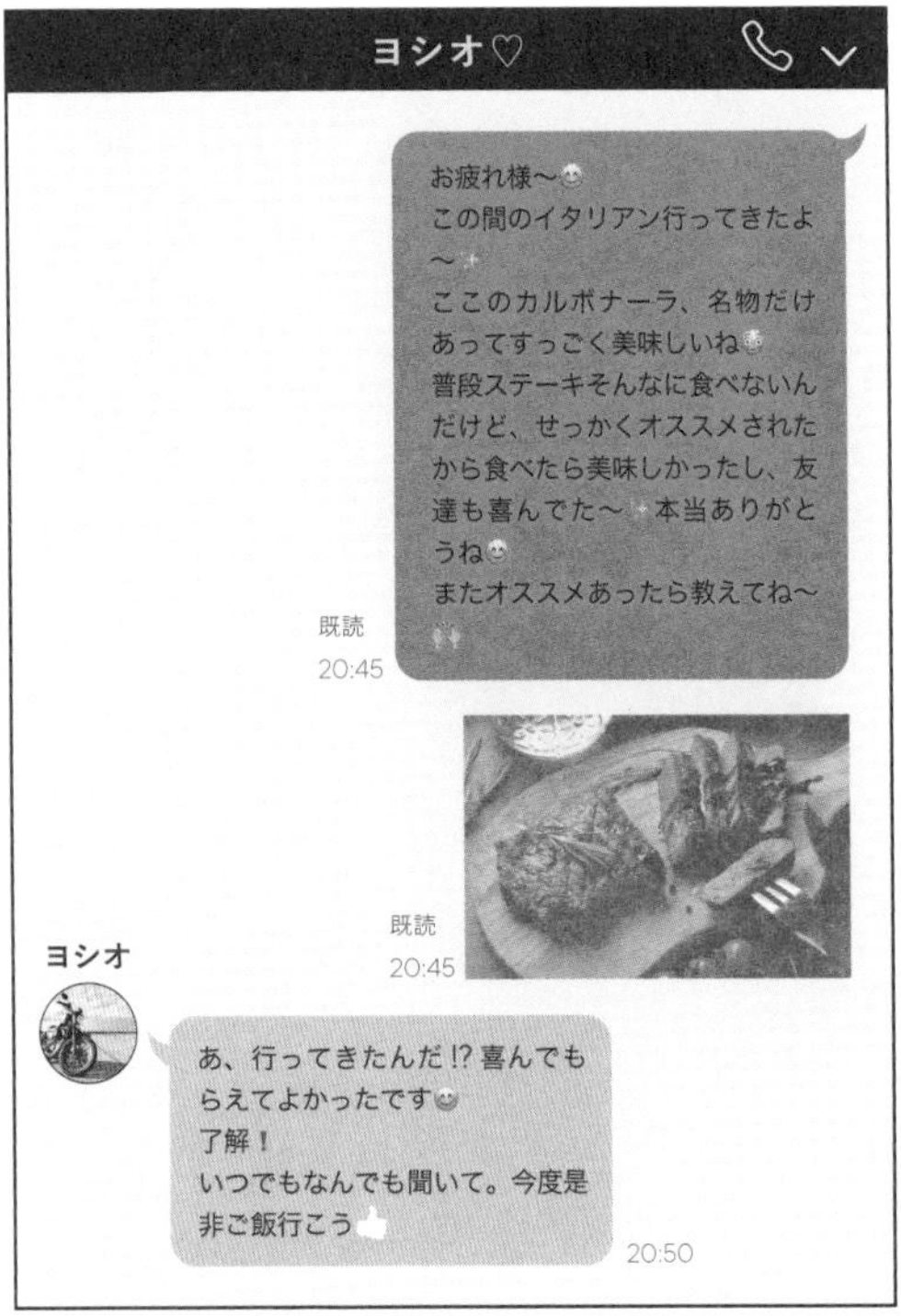
ヨシオ♡
お疲れ様〜
この間のイタリアン行ってきたよ〜
ここのカルボナーラ、名物だけあってすっごく美味しいね
普段ステーキそんなに食べないんだけど、せっかくオススメされたから食べたら美味しかったし、友達も喜んでた〜 本当ありがとうね
またオススメあったら教えてね〜
既読
20:45
既読
20:45
ヨシオ
あ、行ってきたんだ⁉ 喜んでもらえてよかったです
了解！
いつでもなんでも聞いて。今度是非ご飯行こう
20:50

エサだと心に刻んでください。

❖ オトリMISSIONはあらゆることに応用可能

このMISSIONは、あらゆることに応用可能です！

彼のSNSに女の影がないかストーキングしている暇があるなら、彼の趣味をリサーチするのですよ（今現在彼とちょっぴりいい感じの女がいてもスルーして、貴女が心を撃てばよろしい！　恋愛は戦じゃあッ）。

そうして最近彼が見た映画、オススメの動画、オススメのご飯屋さん、好きなミュージシャン・芸人、オススメの自己啓発本を「最近オススメの◯◯ってある～？」と素知らぬ顔して質問し、それらの写真を撮って、「よかったよ～！」と褒めるのです！

あくまで写真は相手を褒めるための道具。
そのために「オススメある～？」とオトリMISSIONを開始するのです！

iPadでYouTubeを見ているところの写真を撮って（スクショ可）、「見たよ～😊　本当にこの動画笑えるねw ヨシ君のセンス好きだわw」などと送りましょう（**男友達ノリ＋センスが「好き」を武器にせよ！**）。

あ、間違っても机の隙間から貴女のナマ太ももをチラ見せしてはいけませんからね？

男のスケベ脳に写真を撃ってしまうと、「ど本命彼女」MISSIONは失敗するので要注意です。

MISSION まとめ COMPLETE

写真は相手を褒めることのみに使うべし！

褒めネタを探すために相手のSNSをしたたかに利用すべし！

「ど本命彼女」に近づくためには、初デートは彼から誘わせる

ある金曜夜、ベッドの中でのメリ子。

ヨシオからのＬＩＮＥを見返すこと数十回目……。

「是非今度ご飯行こう👍」「行こう行こう♪」（ヨシオからのスタンプでやり取り終了）

「いつだ？　いつだ？　いつなんだ？　今度っていつなんだよぉぉぉッ!!　社交辞令とかいらねぇから（号泣）。ンはぁぁぁぁッ！　ヨシオに会いたいぃぃぃぃ」（ベッドの上でゴロンゴロン）

定期的にヨシオと軽いやり取りをする関係になったものの、肝心のデート（？）の日程を決める話にならず、過去のＬＩＮＥのやり取りを見返して悶々とする毎日……。

心のどこかで「今週末誘われないかな？」なんて期待しちゃっているから、予定もスッカスカでますます頭の中はヨシオのことでいっぱい……（妄想妄想妄想妄想妄想）。

こういう状況のときってモヤモヤしたり、キュンキュンしたり感情が大忙し！　そうこうしているうちに、相手への思いが勝手に溢れ出てしまって（妄想が思いを育ててしまうのや）、つい好きバレＬＩＮＥをやらかしちゃったりするのですよね……。

会いたい気持ちが募ったとき女性が送ってしまいがちな好きバレLINE

・「お疲れ様～。今日ね！　○○なことがあって～」と自分語りの長文を送ってしまう
・「会いたいな」と最上級好きバレ爆弾送信しちゃう
・「今何してるの？」とかまってＬＩＮＥしちゃう
・「明日ヒマ？　ご飯しようよ♡」と直球で誘う

「明日ヒマ？　一緒にご飯しようよ♡」とＬＩＮＥして数分間どっきどきで既読チェック……。でも全然既読付きやしない。数時間後、うとうとしつつスマホはしっかりと右手にギュ。「ハッ！」と目が覚めてスマホ見ても通知ゼロ。「あ～金曜だからもしかして飲んでたりするのかなぁ？……まさか女じゃないよね？」と急いで彼のInstagramを開くも変化なし。

翌朝、ついに彼からＬＩＮＥが（ヨッシャキター！　ヲチツケ～ｗ）！

光の速さで既読付けるも、「おはよ〜！　ゴメン今日予定あるんだ🙏　また今度！」。

「……（5秒停止）うわぁぁぁぁぁ！　送るんじゃなかったぁぁぁぁ！　もう誘いにくいぃぃぃ！　迷惑がられているのかもしれないぃぃぃ！」とテンションど底辺で週末をスタートすることになってしまうのです……。

MISSION 彼イチ押しのお店を聞き出し、「行ってみた〜い！」でデートに誘わせる

直球で女性からデートに誘うことが悪いとは言いません。

でも1回目のデートを男性側が誘ったという実績は、その後の関係（ど本命彼女になれるかどうか？）に何気に超影響してきます。

男性はヒマがあれば〝とりあえず〟貴女の誘いに乗ってみることもあるでしょう。貴女に告白されてなんとなく「付き合ってみるか〜（試乗してみっかw）」となることもあるでしょう。

しかし「メスカ」ではあくまで目指すゴールは「ど本命彼女・ど本命婚」です。

己の欲（ほとばしる恋心）を自制し、ちょっぴり頭を使って、相手の男性を恋に落とすよ

うにふるまうのが、その後の2人のためにもベストなのです。

それを踏まえて、男性からデートに誘って欲しいのであれば「〇〇オススメだよ～」という情報を聞き出し、「行ってみたい～」と返信を打つだけでいいんですよ。

さて、実際にヨシオにデートに誘わせるLINEを打ってみましょう。

「結果としてデートできるんならどっちでもええやん！」というご意見もあると思いますが、男性は、誘われたのか、誘ったのかによって、デートするときの気持ちが違ってくるのです。

NGバージョンだと、完全に女性側がデートしたくてお願いしているような形になってしまうのですよね。そして男性側に行くか行かないか？　選ぶ主導権を握らせてしまっています。

デートに誘いエスコートする主導権はあくまで男性（デートしませんか♡）。女性はそれに行くか行かないか？　選ぶ主導権を握る（どうしようかな♡　いいですよ！）。

NG 媚び感が強すぎ、好きバレ全開で下心がダダ漏れ

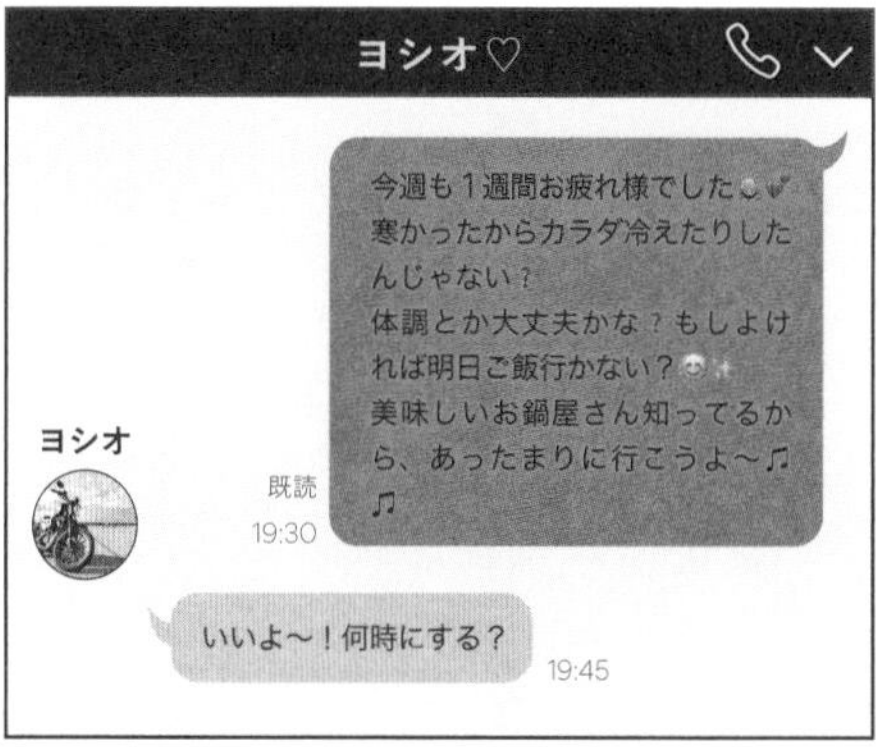

ヨシオ♡
今週も１週間お疲れ様でした
寒かったからカラダ冷えたりしたんじゃない？
体調とか大丈夫かな？もしよければ明日ご飯行かない？
美味しいお鍋屋さん知ってるから、あったまりに行こうよ〜♫♫
既読
19:30
ヨシオ
いいよ〜！何時にする？
19:45

この2つの主導権が逆になってしまうと、デートの前の段階から、女性が尽くす側でスタートしちゃうことになるのです……！

男性を恋に落として、お互いに恋焦がれる「ど本命恋愛」をスタートするためには、ここがとっても重要なんです！　回りくどい？　時代錯誤？　それより1％でも「ど本命彼女」の座を勝ち取ることに近づく方が、貴女にとって重要ではありませんか？

ＯＫバージョンのポイントは、

1. ヨシオのオススメのお店を聞き出し「行ってみたい」爆弾発射！
2. 命中しヨシオから「一緒に行く？」を引き出せた（暗にデートに誘わせることに成功）
3. 畳み掛けるように日程を送った（ヒマ人バレしないようにすることも大事）

この流れであれば、「ぜひ行こうね！（スタンプ終了）」の社交辞令で終わらせることなく、自然な流れで、お店選びから、デート（そしておそらく予約）まで、男性側が主導権を握っていることになります（実はこちらが握らせているのですが。笑）。

OK あらかじめ相手の「俺それ知ってるよ」をリサーチしておくこと！

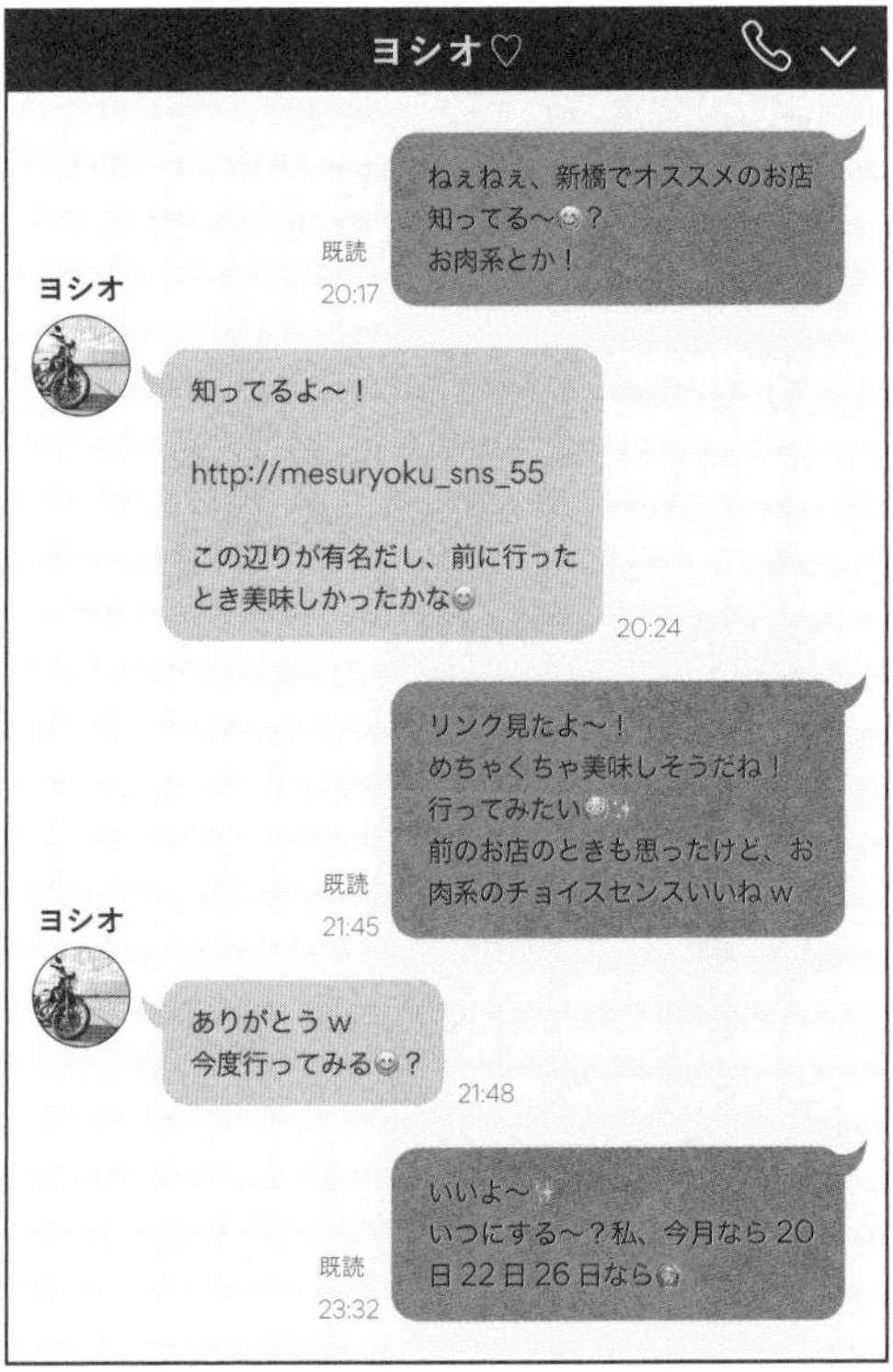
ヨシオ♡
ねぇねぇ、新橋でオススメのお店知ってる〜？
お肉系とか！
既読
20:17
ヨシオ
知ってるよ〜！
http://mesuryoku_sns_55
この辺りが有名だし、前に行ったとき美味しかったかな
20:24
リンク見たよ〜！
めちゃくちゃ美味しそうだね！
行ってみたい
前のお店のときも思ったけど、お肉系のチョイスセンスいいね w
既読
21:45
ヨシオ
ありがとう w
今度行ってみる？
21:48
いいよ〜
いつにする〜？私、今月なら20日22日26日なら
既読
23:32

正直ここまでしなくても、男性側から「ご飯行こうぜ～」とお誘いを受けることは結構あると思います（カラダ目的のおクズ様含め）。

でも、世の中不思議なもので、デートしたい男性からはなかなか誘われないものなんですよね（苦笑）。

これから貴女が、マッチングアプリ等含む、あらゆる出会いで「いいな！」とビンビン感じる男性を見つけ、なかなかLINEだけの関係から抜け出せないとき、MISSION1「初デートに誘わせる」が必ず力になってくれます。

くり返しになりますが、男友達に接するように、肩の力を抜いてフランクに、質問と褒めることを武器にして、男性の懐に潜り込んでください！

媚び媚びしたり、好きバレして「なんか面倒くさそうだな」「お？　俺のことチヤホヤしてくれるLINE要員にし～ちゃお♪」と思わせてしまい、デートする前の段階で「ど本命彼女圏外」に転落しないために慎重かつしたたかにいきましょうね！

「え～でもこんな感じだと、デートしたところで女として見られなそうじゃないですか？」と感じてしまった貴女！

彼をハマらせて「ど本命彼女」になるMISSIONを次の章からお伝えしていきましょう♡
さぁ、女の戦はまだまだこれから、彼のハートを撃つ心の準備を整えていきましょう！

MISSION まとめ COMPLETE

- デートに誘いエスコートする主導権を、うまく男性に握らせる方が後々の関係がうまくいく
- そのためにはシンプルに「行ってみたい♡」で「行こうよ」を引き出すべし！

WARNING!!

⚠ このSNSは安全ではない可能性があります OFF

こんな女はお見切りされる！

デート前にＬＩＮＥで切られてしまう「地雷女」になっていませんか!?

狙っている男性とラリー状態でＬＩＮＥをする関係になったりして、「もしかして、相手も脈アリかも？」と気持ちが高まってしまうことありますよね。

でもこの時点では、本当に脈アリなのかは判断できないものなんですよ！

コトの運び方次第では、うま〜く相手からデートに誘わせることができて、そこから「どう本命彼女」の座に収まることができたかもしれないのに、地雷ＬＩＮＥを送ってしまったばっかりに、男性に「うわっ！　重ッ」とドン引きされて、音信不通になってしまうのはもったいないとは思いませんか？

ここでは、デートする前の段階でやってはいけないＳＮＳ全般の地雷行動をお伝えしていきます。今貴女が送ろうとしているそのＬＩＮＥ。このページを読みながら、本当に彼に送ってもいいものなのか？　自問自答してくださいね！

✖ デートする前の段階で男性が「地雷女襲撃」と逃げ出すSNSでのやらかし

⚠ **過去の恋愛のトラウマ告白ＬＩＮＥ**（繊細なの！　大切に扱ってねアピールが重いな〜）

⚠ **毎日「おはよう」「おやすみ」送信**（彼女面かよ！）

⚠ **「ヨシ君のこと考えてた♡」的な内容**（満足し、急速に貴女に興味がなくなってデートしてもらえないかも）

⚠ **「今日なんかあった？」「忙しかったの？」「デートだった？ｗ」など相手のレスが遅いことをそれとなく責める**（うわ〜俺に依存してね？　とドン引き）

⚠ **一通が丁寧かつ長文！**（めんどくせぇ）

⚠ **彼の投稿全部に「いいね」をする**（興味あるのがバレすぎ）

⚠ **彼とのＬＩＮＥのやり取りを匂わす投稿をする**（今日も◯◯の話で笑っちゃったｗ）

⚠ **毎日何通もやり取りする**（楽しいですが、ここで満足されると恋愛に発展しないケースが多い）

デートもしないうちからマメにLINEし合う関係になったり、好きバレしてしまうと、男性はその時点で狩猟本能が満足してしまい、貴女への熱量があったとしても冷めてしまいます（マッチングアプリのメッセージも同様です）！

なのでLINEやSNSを活用して親しくなろうとせず、さっさとデートに持ち込むことが大切なのです。

その上で相手の男性が「おクズ様」ではないか？　をやり取りの中で見極めたり、デートに誘わせるための情報収集や、「褒めLINE」で好意を芽生えさせることを目的にしていきましょう！

WARNING!!

このSNSは安全ではない可能性があります OFF

こんなおクズ様はお見切りして！

この段階で見極めよう、デートするに値しない「おクズ様」

マッチングアプリで出会った男性や、気になる男性（友人・同僚）と個人的にやり取りを始めてみたら、思いもよらぬ一面が見えてくると思います。

いい一面であればいいのですが、下心でヌメヌメテカったＬＩＮＥ（ＤＭ）が送られてくるケースもあることでしょう（うわぁ……まさかのおじさんＬＩＮＥ系かぁ……）。

賢い女性はデート前のやり取りで、相手が「おクズ様」か？　恋愛関係に発展させるため、攻め込むに値しそうな男性か？　冷静にジャッジしているのです。

「え～？　実際デートしてみなきゃわからなくないですか～？」

読者様の言い訳が、聞こえてきます（ほほえみ）。

よ～く考えてみてください。極端な話ですが「メリ子ちゃん、何カップあるの？」といきなり送りつけてくる男性、どう考えてもお見切り案件だとは思いませんか（いるんだよなぁ……）？　こんな「おクズ様」はいくらルックスがよかったとしても、ハイスペエリートでも、貴女にはまったく相応しくない男性なのです。

「でも、この本を参考にしてLINEしていたら『ど本命彼女』になれるかもしれないじゃん？」そういった声も聞こえてきそうですが、想像してみてください。

ゴミ捨て場にボロボロのトースターが捨ててあったとして（小窓、真っ黒けっけや）、貴女はそれを拾って持って帰ってキレイにしようと思いますか？　きっと視界にすら入らず、貴女はスルーするはずですよね？

「おクズ様」はそれと同じことなんです。綺麗なワンピースで恋愛戦場へ繰り出しているのに、ゴミ拾いをする必要はあるのでしょうか？（激辛口）そうこうしているうちにライバルはいい男をしっかり射撃しているというのに……。

「メス力」では「おクズ様」に時間をかけることは禁止です！

デート前のやり取りでこんな内容を送りつけてくる「おクズ様」は盛大にスルーしてください！

⚠ **やたら写真を要求する**（まともな男性はデートすらしていない女性に写真を要求しません）

⚠ **レスが遅いと「俺のこと忘れちゃってた?」とか送ってくる**（Hできそうな女が逃げないか確認しています）

⚠ **「声が聞きたいよ～」とテレビ電話を要求する**（まともな男性はそこまで厚かましくできません!）

⚠ **「今度家行っていい?」といきなりカマしてくる**（H目的隠すつもりなし）

⚠ **過去にやり取りした内容をまた聞いてくる**（複数の女性とやり取りしていて覚えていない）

⚠ **話が噛み合わなくて、いちいち変な受け取られ方をする**（解釈が独特すぎて疲れる）

⚠ **「○○○が元気になっちゃったよぉ(笑)」と、ど下ネタカマしてくる**（即ブロックしましょう）

⚠ **「今日会える?」など急な連絡が多い**（これはヒマつぶし要員です! 男性は大切な相手にはちゃんと事前に連絡をします）

⚠ **肝心な話（彼女いるの? など）になると、突然既読が付かなくなる**（面倒くさい）

⚠ **おじさんLINEを送ってくる**（なんのことかわからない方は検索してください、男性

の下心全開のＬＩＮＥです）

⚠「メリ子」「メリ子ちゃん」と名前を妙に連呼してくる（これ実は下心が隠し切れていないのです……早く親しくなりたくて必死）

デート前のＬＩＮＥ（ＤＭ）で、しっくりこない、違和感がある、ネチョッとしたいやらしさを感じる場合、その直感は１００％当たっています。そういう感覚を無視してデートしたところで、剝き出しの下心をぶつけられて、疲労しちゃうだけなんですよ。

「ど本命候補」の男性のＬＩＮＥ

「ど本命彼氏」候補に値する、まともな男性はそういう「ネット痴漢」みたいないやらしさや違和感はないもの。当たり障りなくやり取りできるものなのです。

女性に失礼を働いてはいけないと思っているから馴れ馴れしくしません。女性にとってはちょっぴりビジネスライクに感じることもあるかもしれませんが、それがまともな男性のサインだと覚えておいてください。

「ど本命」の男性からのLINE

もうすでに面識はあるけど（マッチングアプリやSNS上の知り合いではなくて）まだ2人きりでデートをしていない関係の場合でも、男性側が一方的に貴女のことを「ど本命彼女」だと確信（一目惚れ・どタイプ）していることがあります。こういうとき男性は、こちらが悩む暇もないくらいガンガン「お食事に行きましょう」と誘ってきます。かつ「おクズ様」のように下心は感じさせないはずです。**しかしLINE上ではいくらでも紳士の皮をかぶれるものなので、舞い上がらずに、実際にデートをしたときに見極めていきましょう！**

MERI KANZAKI

MESURYOKU SNS

（ ミッション2 ）

MISSION 2

THEME

彼をハマらせて「ど本命彼女」になる

男性の恋心が膨らむかしぼむかはデート直後のLINEに懸かっている

楽しいデートが終わってバイバイして、帰宅途中の女性心理。

「あ〜やっぱり好き好き好き好き〜♡　はぁ〜ン！　もう明日にでも再会したいよぉ〜！　さっき会ったばかりなのに圧倒的にヨシオ不足ッ！　アカン完全恋しとるやんけ私（ニヤニヤニヤニヤニヤ）」

グラスを持つヨシオの指先を思い返しては、「あ〜♡　あの手でイイ子イイ子されたいッ」とひと萌。

「メリ子ってモテるでしょw」とアピールなんだか、社交辞令だかわからないセリフを反芻して「だったら彼女にしてやw」とふた萌。メリ子の頭の中はヨシオのことでいっぱい。

「あ、早くお礼のLINEしなきゃ！」と電車の中でスマホをポチポチいじるのですが……ちょ〜っと待った！


恋愛中の全女性に告ぐ！　解散後、即お礼のLINEを打つのはおやめなさい！

「いやいやいや（笑）、ご馳走になってるし、即お礼しない女なんて非常識だと思われて、逆にこっちがお見切りされるわ」と思っている貴女！

彼に嫌われたくないし、この余韻を冷まさぬように「好き感溢れるＬＩＮＥ」で、好意の追撃をしたい気持ちはよ〜くわかりますよ。

「メス力」番長の神崎メリとて、遠い昔は解散後すぐにメールを飛ばしておりました。でもね、今振り返ると、それは自分の「欲」の押しつけ、そして不安の表れだったのだな、と。

何度でもお伝えします。貴女が彼の本命彼女ではなく、「ど本命彼女」になりたいのであれば、自分だけが舞い上がっていてはダメなんですよ。「すぐにお礼せずに嫌われたらどうしよう」「この溢れる思いを寝る前のＬＩＮＥで伝えたいの」。こういった「欲」に打ち勝って、彼のハートに「ウッ♡」と刺さるＬＩＮＥを送ってナンボということです！

だからデート解散後、こういうＬＩＮＥを送るのはやめてください。

デート解散後に女性が送ってしまう、男を冷静にさせるＬＩＮＥ

・解散後、即座にお礼を送る
・寝る前までに今日のデートのレビューを長文で送る
・「私たちって話が合うなってビックリしちゃった♡」など相性いいよねアピールをする

・「次いつ会えるの？　待ち遠しい！」と次回の約束をしようと必死なＬＩＮＥを送る

❖即お礼ＬＩＮＥで追撃しちゃダメな理由をまずはインストールすべし！

何度も著書やＳＮＳでお伝えしてきましたが、「メス力」ではデート解散後、即ＬＩＮＥなどの連絡をすることはオススメしていません。

ディナーデートなら、解散後、何も送らないまま寝ましょう。そして翌日の午前中〜お昼の休憩時間に送信をしましょう。

ランチデートなら、当日の夜遅い時間に送信しましょう。その後彼から返信が来ても、既読せずに寝ましょう。また、どちらの場合でも先に男性からＬＩＮＥがあったとしても、既読せずに日常生活を送ってください。

「非常識とは思われないかな!?」。大丈夫です。男性はシンプルに「忙しいのかな？」と考えます。「あの女、即お礼の連絡してこないなんて！」と捉えるような男性は、危険人物でしかありません（そもそもご馳走になった場合、その場と解散のときにしっかりとお礼を言っているはずですよね）。

どうしてこのような方法を取るかというと、男性はバイバイした後、自宅でホッとひと息ついた頃に貴女とのデートを回想し出します（貴女も回想するでしょう？　アレと同じことですよ)。

この回想タイムこそが、男性にとって恋心を膨らますために必要な時間なのです。そこに貴女からLINEが来てしまうと、「現実」に引き戻されてしまい、彼の恋心は膨らみ切れずに終わってしまう可能性があるのです。このときに貴女への恋心がしっかりと膨らむと、**おのずと男性は追いかけモードになります**(ヨッシャ! あの子落としたるで!)。

なので、即お礼LINEを打ったり、好きバレ全開のLINEを送りつけたりせず、男性の回想タイムを邪魔しないことがとても大切なのです。

この原理はしっかりと理解できましたか? それでは、実際に送るべき追撃LINEをお伝えしていきましょう。

MISSION

放置時間を作ることで恋心を膨らませて、「あと褒め」で完落ちさせるべし!

NGバージョンは、「私は貴方といられてうれしい! もっと仲良くしたい! 私を気に入ってね!」感が、文章や絵文字(主にハート)からほとばしりすぎています。即レスの上に、この内容では「俺に惚れ込んでるよね？」と取られてしまって、**男性は勝手に「こりゃ頑張らなくても落とせるなｗ」と満足してしまうのです（貴女が追いかける立場に……）**。

ＯＫバージョンは、まずしばらくこちらからＬＩＮＥせず、また男性からＬＩＮＥが来てもすぐに返信をせず放置する時間を作って、「俺、なんかやったかな？　忙しいだけ？う〜ん、早く会って確かめたい！」「あれ？　脈ナシかな？」と妄想させています。**そうして彼が少し不安になっている頃に「え？　俺のそんなところまで、ちゃんと見てくれていたの!?」という部分を褒めるのです**。そのためには、デート中に自分アピールすることばかり考えず、相手の褒める部分を観察し、あえてその場では褒めず、「あと褒め」に取っておくのですよ！

これは、男性のハートにグッとキます。「私たち共通点あるよね♡」と共感を求めるよりも、１００倍「うわぁ！　この子ヤベェｗいい！」と刺さるのです（ＭＩＳＳＩＯＮ完了）。

気配り、見た目、ファッション、人生観、店員さんへの言葉使いetc.……なんでもいいので、**サクッと「あと褒め」しましょう！**　好きバレ全開の即ＬＩＮＥしている場合じゃないぜよ。

NG 即お礼&好きバレ全開のLINEで追いかける女になっている

ヨシオ♡

ヨシ君
さっきはご馳走様でした
お料理もとっても美味しかったし、何よりも初めて２人でゆっくりと、
とても楽しい時間を過ごせて本当にうれしかった

ヨシ君に色々な経験があるって、
初めて知ることができたし、
不思議なくらい共通点があってビックリしたんだ！
できればこれからも仲良くしていけたらと思っています
来週のご飯もすっごく楽しみにしてるよ

既読
23:40

OK 男性を褒めることをメインにして、脈アリを伝える

ヨシオ♡

おはよう
昨日は本当にご馳走様でした
何度も言っちゃってたけど、本当に美味しかった～ｗ また行きたいなあのお店。
そういえば私がお手洗い行ってるときにテーブル片付けてくれてたね。
ありがとう

既読
09:30

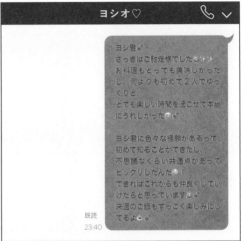

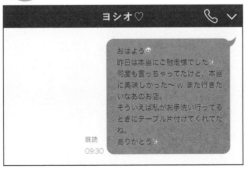

MISSION まとめ COMPLETE

デート終わりに現地でしっかりお礼を言ったら、お礼ＬＩＮＥは時間差で送って男性の恋心を熟成させるべし

デート中に男性の褒めるべき部分を観察しておいて、「あと褒め」で完落ちさせよ

〝私の気持ち〟よりも大切な男性の気持ちを高めるLINE

お付き合い前、デートを重ねている段階。

LINEもあちらからバンバン送られてくるし、彼のことを知りたくて会えば自然と「そうなんだ！　それで？」と前のめりで聞き上手になれちゃう（他の人とのデートは話つっまんなくて苦痛でたまらなかったわ〜！）。

「あぁ、こんなに一緒にいて楽しいなんて、もしかしたらヨシ君が運命の人かも……」「仙台に縁があるって言ってたけど、私もそうなんだよね（前世で一緒に住んでたりして♡）」もうね、毎日ウッキウキのルンルンなワケですよ（笑）。

彼から「お疲れ〜！　会社の近所に新しい店できてた。今度行こう！」ぬわ〜んてLINEが届こうものなら、仕事中なのに心の中でヘラヘラヘラヘラしちゃって（営業スマイルいつもより完ぺき）、「もう、絶対に両思い！　だから好きって送っていいよね？」「ていうか、この好きって気持ち溢れ出しちゃいそう！　胸が苦しい！」「伝えたいよ～」と爆発寸前になってしまうんですよねぇ……（とんでもなく女性ホルモン噴出してそう）。

でもね、そこのお嬢さん。LINEで気持ちを伝えたらアカンのですよ。

わかりますよ、気持ちは充分にわかる！　もう、両思いっぽい雰囲気なんだから、思い切って「好き」って伝えて、早くカップルになりたいじゃないですか。

遠慮なく2人きりでイチャイチャして「好き」「俺も」ってジャレ合いたいじゃないですか（あ～た、キス以上の妄想してんでしょうよ？　ここだけの話）。

それでも、それでも！　こんなLINEを送ってしまったら、本命彼女にはなれたとしても、男性から深く恋される「ど本命彼女」になることはできないかもしれないので、ここはグッと堪えて欲しいのです！

LINEでこんな〝私の気持ち〟を送っちゃっていませんか？

・「会いたいよ♡」とストレートに送る
・「ヨシ君のこと好きだよ♡」と告白ゥ
・「最近よくヨシ君のこと考えてるよ♡」と夢中な気持ちを送る

・「私のことどう思ってるの?」と不安な気持ちを送る

ダメです。「ど本命」MISSION失敗、撃沈です。
この時点でその恋愛、男性のハートを撃ち抜くことはできません。

大前提、私たち女性は感情が高まると、それを男性に伝えたくなる性質があります。
しかし男性は、お付き合いする前の段階で女性の気持ち(好意)を確信してしまうと、気持ちが高まるよりも安心し、**その地点以上に気持ちが高まらないものなのです(あ、俺にベタ惚れなんね? よ〜しそこまで追う必要ナシ! さっさとHに持ち込みますか!)。**

だから男性に「ど本命彼女」として溺愛&熱愛されるには、お付き合いする前の段階で、彼の気持ちをいかにして120%「大ッ好きだぁ〜」と振り切らせるかが重要なんですよ!

貴女が彼の、どタイプの女性で一目惚れされ、しょっぱなから彼が猛進状態なのであれば、貴女は何もしなくても愛されることでしょう。既読無視しようが、冷たくあしらおうが、男性は「運命の人を逃さん!」とばかりに全力で追いかけてきます。

でも多くの場合、「いいな」と感じた男性の「ど本命彼女」になるためには、女性側が密かに**いくつものMISSIONを遂行して、男性のハートを撃ち抜くことが必要なのです**（それを日本一詳しく書いてあるのがメス力本です、突然の手前味噌爆弾ど〜ん）。

MISSION

私の「気持ち」ではなく、男を「気持ちよく」するネタをLINEせよ！

男性のハートを撃つためには、〝私の気持ち〟を送りつけている場合ではありません。男性の気持ちをつかむためには、〝私の気持ち〟ではなく、〝男性が気持ちよくなること〟をLINEで送るのですよ！

NGバージョンは一見、ラブラブですよね。でもこんな内容がデート相手の女性から送られてきたら、よほど非情な男性でもない限り「俺も楽しいよ」「俺も大切だよ」と答えてくれるものです。

果たしてそれは、彼の本心から出た言葉なのでしょうか？ 女性側が言わせていないか、考えなくてはいけないのです（女性同士でも「メリ子大好き♡」「楽しかったね♡」には同調するのが暗黙のルールですよね……）。

また、男性が本気モードなのか？　下心モードなのか？　判断も付きにくくなってしまいます。

OKバージョンは一見、色気がありません（笑）。しかし、男性がオススメしたことをキチンと実践し、「勉強になった」＋「もっと教えて」＋「頼りになる」と男心をくすぐるワードをちりばめて、男性を気持ちよくさせているのです（MISSION遂行中）。

直球で「好き」と言うことだけが、恋愛のすべてではありません。

男性が欲しがっている、称賛（俺褒められた～い）、感謝（俺感謝された～い）、尊敬（俺頼りにされて尊敬された～い）をLINEにちりばめることが、男性を気持ちよくすることなのだと、覚えておいてください（ここ、メモるとこやで！）。

恋愛に限らずうまく人間関係を構築するコツは、相手のニーズにさりげなく応えることなのです（これをしてあげるのは媚びや駆け引きではなく、愛情に満ちたサービスなのやで）。

NG 自分の気持ちを一方的に送っていて独りよがり

ヨシオ♡

ヨシ君お疲れ様 先週もすごく楽しかった♪ヨシ君と会っている時間かね、自分の支えになってるんだなって最近感じることが多いの
私もヨシ君にとってそういう人になれたらいいなぁって思ってるよ
ヨシ君にとって私ってどんな存在かな…今すぐじゃなくてもいいから、聞きたい ごめんね急にこんなこと送って

既読
00:05

ヨシオ

お疲れ様
俺にとっても大切な時間だよ〜！
また楽しもうね

00:45

OK 相手が気持ちいい言葉を送って自尊心をくすぐっている

ヨシオ♡

お疲れ〜！先週ヨシ君に教えてもらった、税金対策の動画見たよ〜！ めっちゃ勉強になる でも私にはまだまだ理解できない部分も多くて！また会ったときに、コレについて教えてもらってもいい？
（YouTube のリンク付き）

既読
21:20

ヨシオ

あ〜この辺ね、確かになかなか難しいかも！今度説明するよ！

21:35

ありがとう〜！ヨシ君には頼りっぱなしだわｗ 同世代として見習わなきゃね〜

既読
22:23

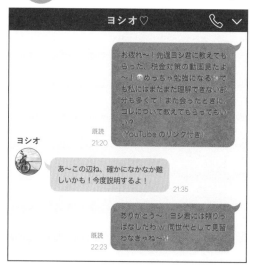

そして上っ面の褒め言葉にならないように（テキトーになんでも「すご～い」と言えばいいワケじゃない）、**デート中は彼がどんなことに興味を持っていて、〝私に指南できそうか？〟しっかりとリサーチするのですよ！**

常に、オフライン（現実）とオンライン（ネット）をリンクさせることを意識して頭を使ってください（詳しくは「オンラインとオフラインをリンクさせる『お遊び』メスカ」〈P119〉で！）。

俺様の得意分野に興味を持ってくれて、かつ頼りにしてくれる女性に対して、男性はジワジワと好感を持ち始めます。「俺が側にいなきゃダメだな」「もっとこの子に〇〇してあげよう」「次会ったときは～」と貴女の存在が勝手に欠かせないモノになっていくのです（シメシメ）。

MISSION まとめ COMPLETE

- 自分の気持ちをLINEして同調させるのは、独りよがりな上に男性の恋心のテンションを下げてしまう危険性あり
- 男性が気持ちよくなるLINEで、男性にとって必要な女性になるべし！

何度もデートしても〝いい子〟止まりのとき、「女」をバシッと意識させるLINEが有効

皆様、ご存知でしょうか？

狙った男性との恋愛成就がお茶の子さいさいなタイプの女性たちは、うま〜くギャップを操ったり男性の意表を突くことで、簡単に女として意識させていることを……。

「え？　ボーイッシュキャラを演じておいて、急に谷間の写真でも送ってるんですか!?」

違います。確かに女として意識はされるでしょうが、それは「うへへへ！　ワイに抱いて欲しいんやなこの子w 意外とエチエチやなぁw」と遊び目的のスイッチを押しているだけです。


男性といい感じにはなるけれど（お付き合いにはなるけれど）、いまいちハマられた経験（お付き合い前から熱烈に追われて、お付き合い後も貴女と会えることにワクワクしてくれ、第一優先されている、男性からＬＩＮＥがガンガン来まくるような状態）がない女性は、男性から見て「いい子ではあるけれど、ドキッとするようなギャップや意外性がない」のです

よね。要は、女としての魅力がとぼしいってことなんです(辛口すまぬ)。

元々の性格が遠慮がちな女性、そして「大好きな人に嫌われたくないんです!」と必死な女性ほど、こういった傾向があります(嫌われたくないといい子演じちゃうよなぁ……わかるで。涙)。貴女にも心当たりはありませんか?

男性をドキッとさせられず「ど本命彼女」になれない女性の特徴

・LINEは常に即レス
・即レスできなかったときは「ゴメンね◯◯してた」と謝罪の返信からスタート
・「もうバカじゃないのw」なんてツッコミ、冗談でも好きな人に言えない!
・LINE送るときも男性が忙しくないか、タイミングを考えすぎてしまう
・「教えて~」とかは男性の迷惑になるんじゃないか考えてしまい、甘えられない

こんな風に真面目すぎて、男性に女として意識させることができない貴女も、好きバレし放題なLINEで自爆してきた貴女も、**男性からすると一本調子でドキッとする瞬間(意外性)がないのですよ。**ならば今までと戦法を変えていこうじゃありませんか!

MISSION

媚びのない女性の「眠れないの」で男性をドキッとさせるべし！

本書ではこれまで、「男友達にLINEするようにフランクにすべし」「好きバレは自爆なので厳禁！」とお伝えしてきました。きっと貴女は感じよく、絵文字や文面にギラギラと恋心を滲《にじ》ませることなく、軽快かつ、マイペースにLINEをしてきたハズです。

そしてデートは思い切り楽しんでいたハズです（オフライン＝会っているときが一番大切なんやで）。

この時点（デート数回）で、男性の中では、「この子は媚び媚びしていないし恋愛にも依存していない。でも俺の心をなぁ〜んか掻《か》き立ててくれるな〜」とメリハリの効いたステキな女性という印象になっているハズなのです。そして「でも、俺に本当に脈あるのかな……？」と狩猟本能と、不安の狭間で揺れていることでしょう（まだ淡い恋心です）。

ここいらでギャップを使い、「ど本命恋愛」の世界に男性をシッカリと落とすMISSIONを実戦していきましょう！

NG ヨシオへのレスが遅れて謝罪してしまう

ヨシオ♡

ヨシオ
今、TV見てる？w　20:10

コメン🙏
お風呂入ったり家のことやってバタバタしてた💦
TV見てなかったよ〜？なんの番組？詳細教えて💕
既読 23:15

OK 脈絡もなく「眠れない」とLINEする

ヨシオ♡

ヨシオ
今、TV見てる？w　20:10

（ヨシオが絶対に寝ているであろう深夜2時）

既読 02:45
なんか眠れないよ〜

（翌朝）

ヨシオ
どうした？なんかあった？　07:15

ううん、眠れなくてなんかLINEしちゃった！おはよ☀
既読 08:20

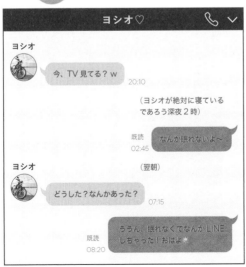

ＮＧバージョンの女性は相手とのＬＩＮＥに日常が支配されてしまっています。なので、ほんの数時間レスできないだけで謝罪したり、「彼がこれで呆れてＬＩＮＥしてくれなくなったらどうしよう……」的な不安を抱えて、それが滲み出るような媚び感のあるＬＩＮＥをしてしまいます（女性同士でもこういうＬＩＮＥする子いますよね）。これではどうしても、**男性の目には遊び心や余裕（それこそが魅力なんです）がなく映ってしまうのです。**

ＯＫバージョンの女性は男性からすると、「え？　どうしたの？」「眠れない夜に俺のこと思い出すなんて……もしかして♡」と意表を突かれます。**これは今まで媚びた雰囲気でもなく、「私のこと気に入ってよ！」と必死でもなく、フランクにＬＩＮＥしてきたからこそです。**

仮に貴女が今までの恋愛と同じように、男性に嫌われないように丁寧かつ、かわいらしく、即レスでＬＩＮＥをしていたなら、深夜の「眠れない」ＬＩＮＥは、「え？　何？　重い系？」と警戒されてしまうだけかもしれません。**媚び感のあるＬＩＮＥを日常的に送っていると、ギャップや意外性を出すことの難易度がグーンと上がってしまい、その分だけ男性のハートを撃つことが難しくなってしまうということなんですよね。**

一方、さっぱりと明るく感じがいいLINEを心掛け、LINE（SNS）に依存していない姿勢を見せていると、たった1本の「眠れない」LINEだけで、「メリ子、結構俺のこと好きちゃうんか？　でもLINEでわかるタイプじゃないし、早いとこ会って確かめなアカン（ドキドキ）」と男性の心拍数を上げることができちゃうワケなんです。

ギャップ・意外性で男性のハートを撃つことは、「ど本命彼女」になるための必殺技。

このMISSIONを参考にし（そのまんま真似せんでもいいのや）、「今の私って彼にどう見えてるのかな？」と客観視してください。そして、**男性が油断しているときに必殺技を放つのです！（ズキュ〜ン）**

MISSION まとめ COMPLETE

- **女性の意外な面を発見したとき、男性は恋に落ちる**
- **普段から媚び感のあるLINEは控えていることが大切！「眠れないの」と、か弱さをチラ見せすべし！**

ＬＩＮＥしまくると、男性は「付き合わなくてもいっか！」と油断する

ＬＩＮＥやメッセージのやり取りではいい感じなのに、お付き合いできない女性の特徴あるある～。

自分の情報をベラベラＬＩＮＥしすぎ～（盛り盛りてんこ盛り）。

直球で言います。この段階で貴女のことを知りすぎると、男性は「別にお付き合いせんでいっか！」と追いかける気持ちが鎮火しちゃうのです（理由は後で述べますね）。

これまで、「解散後、即ＬＩＮＥしない」→「男性が気持ちよくなるＬＩＮＥをする」→「女を意識させる」と、男性を「ど本命恋愛」に落とすＭＩＳＳＩＯＮをお伝えしてきましたが、「日々の雑談ＬＩＮＥについてもっと知りたいんだけど」と感じた方も多いハズです。

確かに、交際前の段階でも雑談ＬＩＮＥをすることはあるでしょう。

いや、むしろ男性が「ど本命候補」であろうが、「おクズ様」であろうが、**貴女のことを抱いていないうちは、連絡がマメなものなのです**（この段階ですらマメじゃない男性は、同時進

行している女性がいるか、本気で脈ナシかも……）。

でもね、この段階で、**自分の生活を見せすぎてしまうと、その後お付き合いできなくなってしまうケースが多いという事実を貴女に知って欲しいのですよ。**

この時期が一番、いっちばん！　彼とのやり取りが楽しい時期なのは重々承知ですよ。私とて恋をしてきた人間ですから（笑）。あのふわふわ浮き立つような高揚感、気持ちいいですもの。

でも、ここで油断してしまったら「ど本命彼女」どころか、とりあえずの彼女にすらなれない可能性が高まっちゃうんですよ（泣）。

あくまで本書の目的は「彼のヒマつぶし相手の女になること」ではなく、「告白してまでどうしても、独占したくてたまらない『ど本命彼女』になること」コレなんです！

貴女は付き合う前の段階で、こんな風に密なやり取りをしてしまってはいませんか？

いい感じなのにお付き合いせずに終わってしまう女性がやりがちなＬＩＮＥ

・身の上話をしてしまう（生い立ちから現在までの流れをちょくちょく話す）
・交友関係を説明し、今日は誰と遊んでいるか？　まで随時報告しちゃう
・「お仕事行ってきま〜す」から、「ただいまぁ今日は〇〇だったよ」までスケジュールダダ漏れさせる
・レスが遅くなりそうな日は「今日は研修だからあまりスマホ見れなそう」とあらかじめ報告してしまう
・毎日、毎回即レスでチャット状態でやり取りしてしまう

MISSION

ＬＩＮＥはチラリズムの場！　すべてを見せず「もっと知りたい」とデートに誘わせるツールだと心得るべし！

こんな密なやり取り、付き合ってないのに彼女か？　っていう話なんですよ。わかりますよ、もう貴女の中では彼は運命の人だし、もはやほぼ彼氏なんですよね。チャット状態で盛り上がるものだから、彼も自分のこと大好きに違いないって思ってしまいます

よね。でも、そこに落とし穴があるんですよ。

男性は付き合う前に女性のことを急激に知りすぎると、お腹いっぱいになって狩猟本能が萎えてしまうのです（**超重要！**）。

「お付き合いしたい！」気持ちにせよ、「お突き合いしたい！」下心にせよ、これらの感情のエネルギー源って、「この子のことをもっと知りたい（心の中も生活もHな意味でも……♡）」コレなんですよ。**簡単に言うと貴女への好奇心と征服欲です。**

もっと知りたくなる女性とは、適度にミステリアスで男心が掻き立てられるものなのです。LINEなんかじゃすべてを知り得ない女性を、追いかけて追いかけ尽くして、ちょっとずつ**秘密のベールを「俺様の手で」そぉっとめくりたいのです**（**好奇心ドキドキ、征服欲ハァハァ**）。

この男心、わかりますか？　モロ見せ女には色気も恋心も掻き立てられません。「もうちょっと見たい！　知りたい！」とTo be continued（続く）を演出すべく、情報はチラリズムであることが、この段階の重要なMISSIONなのです。

NG 付き合う前から生活を見せすぎている

ＮＧバージョンは、雑談に盛り込む情報が細かすぎるのですよね。

なぜこんなことになってしまうかというと、「私はこんな生活してます！（怪しくないです）」「私の交友関係はこんな感じです（男とデートじゃないです！）」と**ひとつのＬＩＮＥの中で男性に一途アピールをしようとしちゃっているからなんですよ。**

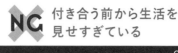

そして何よりも私たち女性は、自分のことを知ってもらうことが、1秒でも早く親密になる方法だと信じちゃっているのですよね……。貴女への好奇心が萎えてしまうとは知らずに……。

OK 自分の生活はあまり見せない。でも楽しくマイペースにやり取り

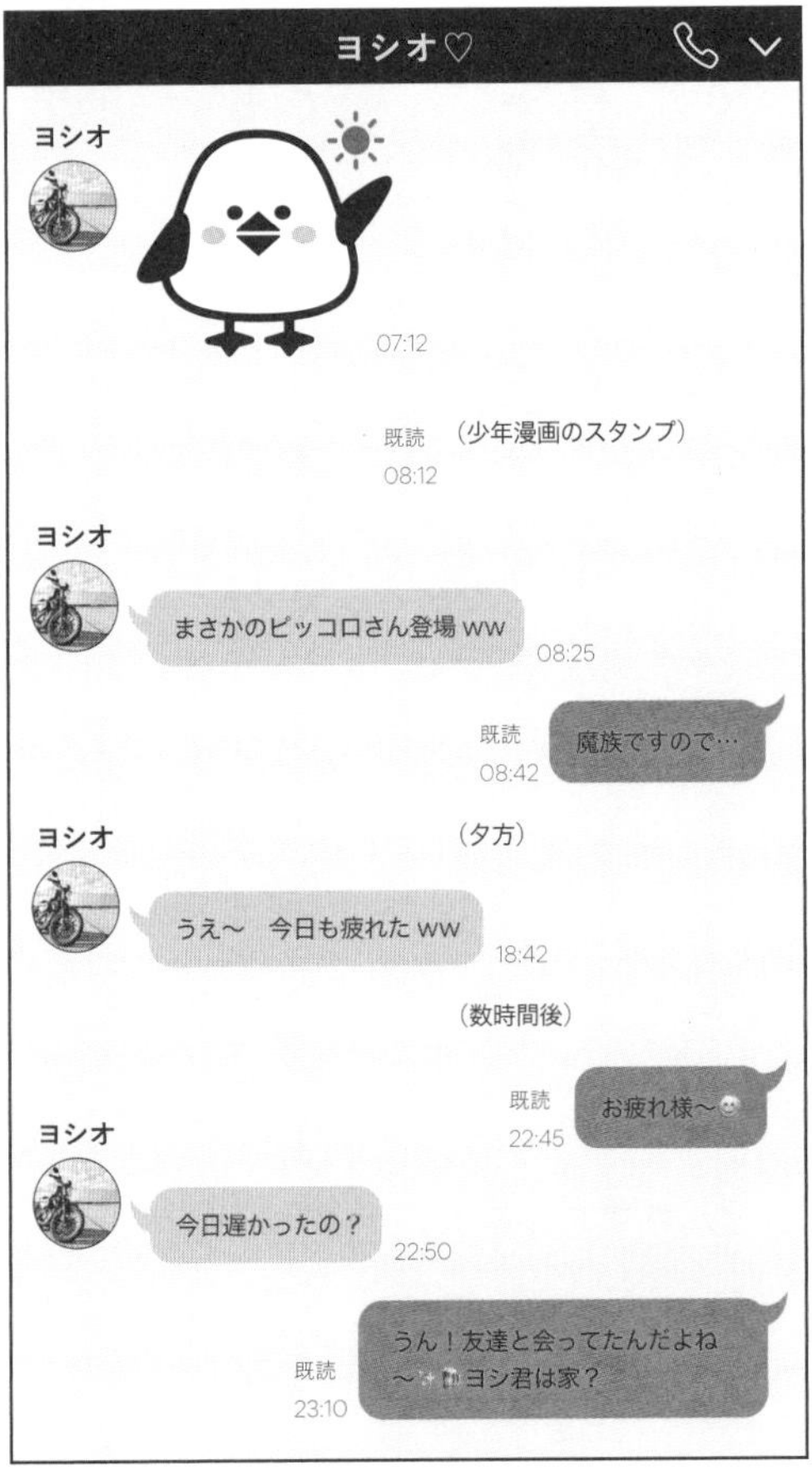

PREMISSION
MISSION1
MISSION2
MISSION3
MISSION4
MISSION5

ＯＫバージョンは、自分の生活スタイルをＬＩＮＥに盛り込まずにやり取りをしています。

何気に男性ウケする、少年漫画のスタンプもサクッと登場させたりして、意外な演出もちゃっかりしています（お互いが読んでいたであろう、ジャ◯プの漫画は鉄板です。今なら◯滅かな？）。

「遅かったの？」という質問には正直に「友達と会ってたよ」と答えています。**「ど本命」として見られる女性は嘘はつきませんが、必死に「あ！　男じゃないよｗ 昔から仲のいい女の子！」と証拠写真を送ったりはしません。**

もう少しイメージしやすくお伝えすると、男性から「何してたの？」など質問をされたときに、「家族と一緒だよ✨」「仕事だったよ😊」と話すのはＯＫですが、「パパとママと◯◯にご飯食べに行ってね、◯◯の中華！」「うん、今日は◯◯まで上司と商談に行ったの！　その上司が××大卒の人でさ……」と情報を盛り盛りしてはいけません。

あくまで正直に。でも情報は最小限で。コレなんです。

これをされると、嘘つきなイメージを持たれることなく「え〜でも友達って男かなぁ🥺」と男性をちょびっと嫉妬させることができるのですよね。

「ひぇ！　そんなん遊び人女と思われて、私がお見切りされませんかね!?」と思ってしまった貴女！　**男性が「この子とお付き合いしたい！　告らなくては！」と意識する理由はズバリ、独占欲なんですよ。**ミステリアスさのない、俺にベタ惚れ、生活丸見え女には、嫉妬するポイントはございません（ほほえみ）。

生活盛り込みLINEをやらかした結果として、「あんなに数カ月間毎日LINEしてたのに、他に女できたってどういうことやねん！」「痺れ切らしてこっちから告ったら『友達としか見られなくなった』はぁ〜？　最初の頃はあんなに気がある内容送ってきてたのにぃぃ、ぢぐじょぉぉ〜」という終わりになってしまうのです。

私のこと知って欲しい、私を早く彼女として独占して欲しくても、そのLINEは地雷でしかないと心得てくださいませ。

MISSION まとめ COMPLETE

- **楽しいからって男性とやり取りしすぎるのは考えもの**
- **特に自分の私生活は怪しくない（男の影ありません）とアピールすればするほど、貴女への独占欲は消えて、友達としてしか見られなくなると知っておくべし！**

「友達以上恋人未満」の関係で安定しちゃいそうなときは、思いきりが必要である！

楽しくＬＩＮＥしたり、ここ４週間連続でデートしているけど「じゃあまた連絡するよ！」って解散になっちゃうと「あぁ今日も付き合うとかそういう話はなしかぁ」ってガッカリしちゃう……。「メス力」の本を参考にして、デートしているときは聞き上手とか褒め上手を意識してるのに、何が悪いんだろう……。デートは楽しいけどなんか最近モヤモヤする〜（涙）。もう我慢できない……自分から押し倒しちゃダメかなぁ？　付き合う気ないなら、１回だけでも抱かれたいかも（錯乱）。


さぁ、こんな風にモヤモヤしている貴女。おまっとさん。

ボチボチお付き合いに進んでいきたいですよね（ニッコリ）。

いつもお伝えしていますが、今の関係を変えるためには女性側が「言葉じゃなく行動」で、変化を付けなくてはダメなんです。

きっと貴女はこのままデートを続けていてもモヤモヤを募らせてしまい、深酒したり、ＰＭＳ（月経前症候群）で感情が不安定なときに「私と付き合う気あるの？」などと爆弾

LINEを撃ち込んでやらかしてしまうことでしょう（PMS中の深酒ほど危険な火薬はないでしかし）。

それまでに男性が貴女のことを「ど本命彼女にしたい！」と思ってくれて、追いかけてくれているのであれば、さっさと告白されていると思います（デート3回目くらいまでが多し）。

でもなんとなく、週末のデートや毎日のLINEがルーティン化してしまっているなら、そこに変化を付けなくてはいけません！

付き合う前なのに関係が安定してしまう女性

・毎週のデートがルーティン化している（付き合う前なのに！）
・毎日LINEをやり取りしている

書き出すとたった2つのことです。でも、この2つのことを1カ月以上チンタラ続けていると、男性の気持ちは落ち着いてしまいます。

「この子は俺のこと好きだろうな」「まぁ、オトナだし付き合おうって改めて話さなくてもいいか！」と勝手に馴れ合いモードに入ってしまいます。

貴女が「普通の恋愛」を目指しているなら、こういったなぁなぁな状態でもいいでしょう。

しかし、そういう形で始まった恋愛だと単なる本命彼女止まりの関係となってしまい、「え？　結局私のことどう思ってるの？」「え〜？　女の子と2人で遊びに行くって……イヤだなぁ、でも私彼女かハッキリしてないし……」とその先モヤモヤすることが起きる可能性が大きいのですよね。

貴女自身が安心するためにも、そして男性を本当の意味で幸せにするためにも、彼に「この子のこと俺本当に好きだし、失いたくない！」と確信してもらう必要があります。

男性は自分で決断したことに、誇りと責任を持ちます。だからこそ、時代が移り変わろうと、男性からハッキリと告白してもらうことが大切なのですよね。

MISSION

勇気を出してしばらくLINEをしない！

長〜くなりましたがここからがMISSIONです。

毎日彼とLINEをしていた貴女。丸1日以上LINEをしないでください（不安な気持

ちはよくわかるで〜）。

これまでも自分のスケジュール優先で、毎回即レスせず、チャットのように長々とやり取りせず過ごしてきた貴女が既読を付けなくても、彼は「忙しいのかな？」としか思いません。でも、時間が経つにつれいろんなことを考えます。「男と会ってるのかなぁ……」「なんかあったのかなぁ？」と想像します（モヤモヤ、嫉妬心ムクムク、心配モンモン）。**そのときやっと彼は気がつくのです。「俺は彼氏じゃないから問い詰める筋合いがない」と。そして、「やっぱりメリ子が必要だ」と**（ほほえみ）。

NGバージョンは、「嫌われたらどうしよう」という不安に負けてしまって、MISSIONを自白してしまっているのですよね（いい子ほどこれやってしまいがち！）。これではお付き合いすることになっても、男性に「自分自身でお付き合いを決意し告白した」というロマンティックな感情をプレゼントできないことになってしまうのです。

MISSIONを自白せずこっそりと遂行し、男性を恋に落とすこと。これは男性に恋心というロマンを貴女が与えている立場なのですよ！ それは意地悪でも駆け引きでもなく、私たち女性ができる愛情表現なのです（しかも男性は気がつかない！自分が王子様で貴女をさらっていると思い込んでいる）。

NG せっかく距離を置いたのに その理由を説明しちゃって台なし

ヨシオ♡

ヨシオ

今週末、どうする？時間あるなら、どっか行こうか！

18:25

ヨシオ

（1日経過）

お疲れ〜！今日時間ある？急だけど飯行かない？

17:25

ごめんね、ヨシ君って私と付き合う気あるのか不安になって、距離置いてた
こんなの私らしくないし、よくないよね。今日話そう！

既読
17:28

OK マイペースさを崩さないし 感じ悪くもしない、男友達扱い

ヨシオ♡

ヨシオ

今週末、どうする？時間あるなら、どっか行こうか！

18:25

ヨシオ

（1日経過）

お疲れ〜！今日時間ある？急だけど飯行かない？

17:25

（2時間後）

今日？ちょっと遅くなるけど大丈夫？

既読
19:25

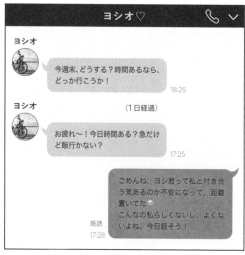

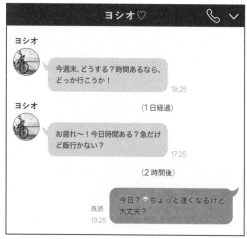

ＯＫバージョンは、初心に戻って彼を男友達扱いしています。社会人としてお仕事をしていて、バタバタしていたら「あ！　ＬＩＮＥ見るの忘れてた！」なんてことありますよね。でも恋愛となると、つい好きな男性を特別扱いしすぎてしまいます（彼氏でもないのに……）。そこを「いかんいかん」と軌道修正して、余裕を取り戻しています。

毎日LINEをしていた女性に距離を置かれたとき、付き合う気持ちがあれば男性は、「今から会おう」「明日時間ある？」とすぐに会いたがります（今車でそっち向かってる！　というツワモノもいます）。

「メス力」ではヒマ人女と思われるのはＮＧなので、本来なら急なお誘いに乗ることはあまりオススメしていません。しかし、例外もあるとお伝えしています。

男性が襟を正して何かを伝えようとしているときは会うべきです。鉄は熱いうちに打つべく、男性の気持ちが最高潮のときに告白を受けて、彼に最高のロマンをプレゼントしてあげてください。

なお、遠距離恋愛でもない限り、ＬＩＮＥでの告白はノーカンがオススメです。

「ありがとう✨　会ったときにまたちゃんと聞かせてね」と返信して、あとはニヤニヤしておきましょう。直接告白をするというハードルを彼に飛び越えさせるのも、「ど本命恋愛」に彼を落とすためのMISSIONでございます♡

MISSION まとめ COMPLETE

- デートを繰り返しているのに付き合う話にならないときは、距離を置くべし
- 彼に考えさせ、彼に決意させ、彼に告白してもらうことはロマンティックをプレゼントしているということだと、自信と勇気を持つべし！

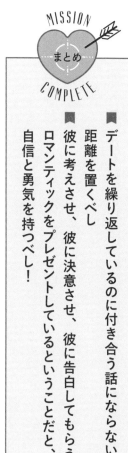

このSNSは安全ではない可能性があります OFF

こんなおクズ様はお見切りして！

ＬＩＮＥだけで、「脈ナシ」「おクズ様」と「ど本命候補」の男性をそれぞれ見極めるべし！

ＭＩＳＳＩＯＮ２を読んでくださった方に、お伝えしたい重大な事実があります。

相性のいい男性（ど本命恋愛に発展する男性）って、お付き合いする前のＬＩＮＥがめっちゃスムーズなんです。これ、男性を見極めるひとつの目安にしてもいいと言っても過言ではありません！

男性側が勝手に貴女に対して強烈な思いを持っているパターンはあちらからガンガンＬＩＮＥが来るので言わずもがなとして（すこすこ！　ワイと付き合ってや〜）、ＭＩＳＳＩＯＮ２ではただ受け身でいるだけでなく、女性としての戦い方（アプローチ法）をお伝えしてきました。

だって、ただただ「ど本命」の男性が、白馬に乗った王子様よろしく降臨するのを待っているだけじゃ、時間は過ぎていくばかりじゃないですか？「メス力」という武器を使って、狙った男性を落としたいじゃないですか？

でもねMISSIONを実戦しようにも、そもそもLINEの返信が来ないとか、デートにまったく誘われないとか、話が嚙み合わないとか、そういうケースもたくさんあるハズなんです。

きっとその度に貴女は「こんなマニュアルに当てはまらないよ！」「彼はマメじゃないだけ！　奥手男子なんだ！　きっと！」とヤキモキすると思うのです。

直球で言います。付き合う前のLINEでスムーズにいかない男性は、ほんの1ミリも脈がないか（返信すらダリ〜）、他にも女性を物色している「おクズ様」なんです。

「なんかこの人とのやり取りうまくいかないなぁ……」「やっとLINE来たから即レスしたのに、また未読放置……絶対今スマホ持ってるハズなのになんで？」

悲しいけれどそれは、「相性悪いからやめとき」というサインなのですよ（涙）。

「ど本命」の男性・女性のふるまい方しだいで「ど本命恋愛」に発展する男性と、その他（脈ナシ・おクズ様）のLINEを比較していくので、過去のうまくいかなかった恋愛や、トントンと進んだ恋愛を思い返しながら読んでくださいね。

✖「ど本命（候補含む）」の男性と脈ナシ・おクズ様のＬＩＮＥ、こんなに違う！

付き合う前の連絡頻度

⚠〈**ど本命**〉……向こうからも雑談ＬＩＮＥが来る。１日数通やり取りする。連絡がつかなくてモヤモヤするストレスがまったくない！

⚠〈**脈ナシ**〉……向こうから連絡は来ない。ＬＩＮＥをしても返信が半日〜数日後なんてザラ！　しかも素っ気なくてガッカリ（え？　スタンプだけ？　ひとことだけ？）。

⚠〈**おクズ様**〉……向こうからも雑談ＬＩＮＥが来る。１日数通やり取りできるけど、下ネタ交じり……。

デートのお誘い

⚠〈**ど本命**〉……行きたいお店のＵＲＬが送られてくる。毎週のように会える（週に数回会おうとすることも）。

⚠〈**脈ナシ**〉……こちらから勇気を出して誘っても「今仕事忙しいから、落ち着いたら連絡する」と断り文句で終わる。「みんなで会おう」とかわされる。または既読スルー（地獄）。

⚠〈**おクズ様**〉……向こうからデートに誘ってくるが、「早く会いたい♡」「待ちきれないよ♡」など、♡＋**チャラい言葉**てんこ盛り（下心ダダ漏れちょる）。

会話の内容

⚠〈**ど本命**〉……会話が噛み合う、話が通じる、サクサク意思疎通できる感覚！

⚠〈**脈ナシ**〉……話が通じるとか、噛み合う以前の問題！　そもそもＬＩＮＥの返信が来ない。素っ気なく打ち切られる。

⚠〈**おクズ様**〉……「マジわかるｗ」と合わせてくるわりには、こちらが前に話したことを覚えていない。「え？　その話、誰かと勘違いしてない？」という事件が起こる。やたらと「メリ子はこういうタイプだよね♡　俺にはわかるよ！」と決めつけてくる（理解ある男アピールするわりにピント合ってない）。「写真送って〜♡」としつこく要求したり、「電話しない？」→「メリ子ちゃんと話してたら興奮してきちゃったよ〜♡　電話でＨしようよ〜♡」などとヌかしてくるツワモノも……（アホか）。

付き合う前のＬＩＮＥ結論

「ど本命（候補）」の男性とのやり取りでストレスを感じることはありません。やり取りがスムーズで、当然の如くデートの約束になり、あっという間にお付き合いに発展していくことでしょう(撃てば〈打てば〉響く! それが相性のいい男じゃ!)。

「脈ナシ」の男性はそもそもLINEすることすら困難! 「LINE来ないよ〜」「え? また終わらされた!」「そのうち飯行こうっていつなの〜(涙)」と友人に泣きつくことになるでしょう。

「おクズ様」はヤル気(Hな意味)があるので、LINEはマメです。しかし、下ネタ交じりだったり、言葉にはできない違和感があったり(男性が貴女のカラダにしか興味ない証拠なんです、この違和感!)、やたらと「会いたいよ」「好きだよ」などを連発し、チャラさが滲み出ていることでしょう(夜遅くに「今から会えない?」とかカマしてくるのも特徴です)。


恋愛初心者の方はLINEの段階で、「ど本命」と「おクズ様」を見極めるのは難しいかもしれません(よほど男性が露骨に下心を出してこない限り)。

だからこそ、1人の男性と親密(H)な関係になるのは、慎重さが必要だと「メス力」ではしつこくお伝えしています。


「おクズ様」とデート中におキッスされそうになったら、「ダメ♡ 彼氏以外とはしません」

と制止してみてください。「おクズ様」の場合、「じゃあ付き合おう！」とノリで付き合おうとするか（じゃあってなんやねん）、「そうだよね！　メリ子はそういうしっかりしてる人だと思ってたよ！」とイイことを言いつつ、笑っちゃうほどＬＩＮＥが激減します（笑）。

そういうときの決め台詞は「仕事が忙しくなっちゃって……」です。

貴女は悪くありませんよ。お見切り成功です。覚えておいてくださいね（ほほえみ）。

オンラインとオフラインをリンクさせる「お遊び」メス力

MISSION2の「〝私の気持ち〟よりも大切な男性の気持ちを高めるLINE」にて、「常に、オフライン（現実）とオンライン（ネット）をリンクさせることを意識して頭を使ってください」とお伝えしました。

デート中は聞き上手になって、彼がどんなことが得意で、どんな趣味があるのかリサーチし、「そういえばオススメしてくれた映画見たよ〜♡」とか、「ねぇねぇ、新しく○○買いたいんだけど、ヨシ君詳しいよね？　どれがいいか教えて〜♡」とLINEするということです。

これが身についてしまえば、「彼が楽しんでくれるLINEしなくちゃ……」「LINEのネタないな……」と頭を悩ませることはなくなる上に、**「この子といると俺、なんか必要とされてる感じするなぁ」と男性の自己有用感を満たすことができちゃうのですよね（必要とされると男は張り切るのや）**。

さて、ここからはオフラインとオンラインをリンクさせるお遊びです。彼から初めて「好きだよ♡」とLINEが来たとしましょう。「私も♡」と答えても「ありがとう」と答えてもいいかもしれませんが、あえてそれに触れずにスルーしてもいいのです（こんなことで彼の気持ちは萎えません）。「あれ？　俺先走りすぎた？」「そういうの言わない方がいい系？」と彼なりに考えたりするでしょう。

そのままデートへ行きましょう。**そして完全に彼が油断しているときに、後ろからハグし、「私も♡」と言ってみるのです（声が小さすぎると聞こえない可能性あるで）。**

一瞬、彼は何のことかわからずに「？？？」となるかもしれませんが、「あ！」と気がつき「何？　私もって何？」とニヤニヤするかもしれません。「別に♡」と言いながらイチャイチャ（第2ラウンド開始）なんてなったりして。本気でわからないようであれば、「LINE♡」とだけ伝えてもいいでしょう。

あのときのLINEが現実でこんな風に返ってきた！　という驚きとサプライズですね。

でもこれはあくまで一例であり、やらないと「ど本命」になれないということではないですよ！

きっと本書を読んでくださっている方は、「これはやっちゃダメなんだ」「これは守らなきゃ」と肩に力が入ってしまう、恋愛に真面目な方が多いと思います（ていうかもう恋愛で失敗せず、さっさと幸せになりたいですものね……）。**でも、硬くなってしまうと、貴女の持つ魅力が消えてしまいます。**なので「メス力」を実戦しつつ、こんな風に遊び心を取り入れて、大好きな人とのやり取りをワクワク楽しんでしてくださいね（応援しちょるぜ！）。

(ミッション3)

MISSION 3

THEME

「ど本命」プロポーズさせる

ダラけた関係を終わらせ、プロポーズさせるためにやるべきこと

交際中の男性がいる貴女、こんなことで悩んではいませんか？

「彼は優しいんですよ、でもLINEはマメじゃないんですよね……。正直さみしいです」

「彼から押されて付き合った『ど本命彼女』だと思います！　でも最初は結婚の話がよく出ていたのに、最近そういう話にならなくて……」「早く入籍したい……（はぁ）」

わかりますよ、そのお悩み。恋愛って楽しいハズなのに「いつも待つ側の自分」にイライラしたり、悲しくなったり（でも相手はいつも通りヘラヘラしてるのがまたムカつく！）。


相手からのLINEをず～っと待っているのも、プロポーズをず～っと待っているのも、たった数時間が、ほんの1年が、永遠の長さに感じてしまう、あの苦しみから解放されたいですよね（トントン拍子で結婚が決まった友人にモヤモヤしちゃったりね……私の方が交際歴長いのに～ッって）。

きっと貴女にもこのような悩みがあるからこそ、本書を手に取ってくださったのだと思います。**貴女を苦しめる悩みは、たった2つのことをクリアしてしまえば解決すると断言しま**

しょう。

❶ 彼にとっての「ど本命彼女」になること
❷ その彼からさっさとプロポーズされること

恋愛の悩みを突き詰めていくと、大きく分けて「彼から大切にされません！」と「プロポーズされません！」の2つから発生しているのです。

男性は自分が心から惚れ込んだ「ど本命彼女」が嫌がることは絶対にしません。仮に「え？」と感じることがあっても、「それやめて」と伝えるだけでサクッと解決してしまいます（なぜなら彼女に嫌われたくない気持ちが強くケンカにならないのです）。

そして「ど本命彼女」が適度にミステリアスで、征服しきれないと「さっさとこの子と結婚して独占しなきゃ！」と結婚を決意するものなのです。

「本命彼女」から「ど本命彼女」に昇格する（大切にされる女になる）ため、さっさとプロポーズさせるために、**やるべきことはひとつ、SNSのタイムラインを棚卸しすることです！**

その前に貴女のタイムラインはこんなモノで溢れていませんか？　Instagram、Twitter、Facebookを今すぐに見返してください！

「ど本命彼女」や「結婚」が遠のくタイムライン

・彼氏とのツーショットを載せたり、彼氏の存在を匂わす
・彼氏をタグ付けして投稿
・家族間のトラブルを事細かく書き綴っている
・家族関連の投稿が多すぎる
・愚痴が多い（仕事、社会、人間関係）
・友達と遊んだら必ず投稿する（写真アリでもナシでも）
・週に1回以上投稿している
・スッピン投稿（加工済みはスッピンと言えるのか？）

❖貴女が「ど本命彼女」から降格したり、プロポーズされない理由

なぜこれらがダメかって？　それは、ミステリアスさのカケラもないからですよ。もはや彼氏じゃなくても、貴女がどんな人間で、どんな生活を送っているか想像のつくような投稿ですよね……。一体なんのためにSNSをやっているのですか？　なんとなく「そろそろインスタ（FB）投稿しておこ～♪」くらいの感覚でタイムラインに投稿しているのではありませんか？

あきまへん！　金輪際やめるがよろし！

ＭＩＳＳＩＯＮ２でもお伝えしたように、男性は女性を追いかけ、自分の手で女性の秘密というカードをめくっていく工程で興奮（恋）するのです。親しくなって、女性の警戒心を解いて、ゆっくりと相手を知っていく「男と女のゲーム」です。

女性は「あえて少しミステリアスにふるまい、彼氏にカードをめくらせてあげる余裕」を持っていなくては恋愛という戦で勝利することはできません！　じっくりと時間をかけさせてあげることによって、男性はそのゲーム（恋愛）にのめり込んでいくからです。

ＳＮＳで私生活を発信している女性。もはや、数回抱いたら秘密なんてなくなってしまい、恋愛で勝利するためのカードをすべて出し切ったことになってしまうのです……。

交際後に「ど本命彼女」に昇格したい貴女にも、なんとなく馴れ合ってしまい「ど本命彼女」だけどプロポーズを先のばしにされている貴女にも必要なＭＩＳＳＩＯＮは同じです！**一緒にいるときは、「俺様の愛しい女」。抱いているその瞬間も「俺様の愛しい女」。でもバイバイした瞬間から何をしているかちょっと謎！**　これを徹底するべきなのです！

「何度抱いても征服しきれねぇぇ！　そや結婚したろ♪」

男性のシンプルな思考回路に訴えるためのカードを、自分から出し切らないでください（結婚は遠のき、Googleが貴女の情報を収集し、結婚相談所の広告を打ってくるだけです）。

多くの女性がやっているように彼氏の存在を匂わすこともいけません！

100％アタリしか出ないカードを誰が引くっちゅうねんという話なのですよ。

私たち女性がすべきなのは、交際しても「貴方に独占されたつもりはありません♡　2人の関係は貴方しだい……♡」こういう風に、先の読めない余白を残すことなのです。

この余白はタイムラインに頻繁に投稿しないだけで簡単に演出できるものなのですよ！

ましてや交際した瞬間から「私に隠し事はありません♡　SNSでもちゃんと存在公表しま～す！　友達と飲んだ証拠も載せてるからチェックしてね♪」こんな風に豹変してはいけないのです（男は油断して手を抜き出すだけやで？）。

MISSION

ミステリアスな女になって「ど本命スイッチ」を押すべし

SNSの有効な使い方は、P17からの「**PREMISSION　SNSという武器をカスタムし、男心を撃てる女に武装すべし！**」を参考にしてください。婚活中の女性だけではなく、交際中の女性にも有効です。

貴女がタイムラインで情報発信をしまくるタイプであればあるほど、効果的でしょう。

彼氏に「私のこと大切にして」と伝えたり、「早く結婚してよ」とせっついたりするのではなく、**貴女がSNS上で自分の情報をシャットダウンし、会っているときはご機嫌で、会っていないときはミステリアスを徹底するだけ。相手は貴女の変化に動揺し、恋心が再加熱（ど本命スイッチオン）する可能性が高いのです**（秘密のカードをめくりたくなるのや）。

男性には言葉よりも態度の方が響きます。口で100回何かを言われるより、貴女のふるまいがミステリアスな方向に変化する方が効果的なのです。

女性がタイムライン上に投稿をすればするほど、男性は貴女に馴れ合った気持ち（追いかけなくてもいっか♪）になってしまうのだと理解しておいてください（mixi時代の自分に伝えたいぜ……）。

なお、インフルエンサー（SNS投稿で収入を得ているプロ）の方は、「アレはお仕事用なの♡」と相手に伝えておくといいでしょう。

彼氏がいる匂わせは結婚が遠のくので要注意！

愛され投稿で稼げるインプレッション数と、「ど本命婚」。貴女はどちらを選びますか？

MISSION まとめ COMPLETE

- 馴れ合った関係に爆弾を落とすべく、タイムラインを一掃すべし！
- 貴女がＳＮＳで自己開示すればするほど、相手は油断するのだと緊張感を持つべし！

彼氏の親やきょうだい、友達などとのSNS距離感に予期せぬ落とし穴アリ！

彼の家族から「LINEで繋がろう♪」「インスタ教えて〜♪」と聞かれたら貴女はどうしますか（顔面蒼白・黒歴史地獄）。

特にFacebookをやっている人は本名で検索されて、すぐに見つけられちゃうことも……（よく聞く話や〜）。

「え、正直面倒くさいな……」とかったるく感じてしまう貴女、「結婚に向けて外堀埋めるチャンスかも!?」とひらめいてしまった貴女。ここに地雷が埋まっているということを、神崎メリからお伝えしておきます。

彼氏の身内に限らず、彼氏の友人（異性・同性）とSNSで繋がったり、LINEでやり取りしたりすることは「ど本命婚」から遠のいてしまう可能性があるのです（落ち着いてください、理由はこれからご説明しますわよ！）。

だからと言って、「あ、SNSはやってないんですよぉ」なんて嘘はすぐにバレちゃいますよね……。それに、彼氏の周りに悪い印象を与えたくないからこそ、ぞんざいな扱いもできないし、めっちゃ困ってしまいますよね……。

まずはなぜ、彼氏の周りの人とSNSやLINEで繋がってしまうとよくないのか、簡単にご説明していきましょう！

彼の周りの人は悪意なき密告者！　こんな地雷が埋まっていると心得よ！

・「ヨシオの彼女さ〜、また友達と旅行行ってたみたいよ！　金使い荒いのかな？」ときょうだいが彼ママに密告（自分でコツコツ貯めたお金ですけどぉぉぉ！）
・「礼儀正しそうにしてるけど、コメント欄見てるとキャラ違うよねw？」と友人やきょうだいが彼に突っ込む（裏でそういうのヤメテ〜！）
・女友達が、彼の元カノに「今カノ、こんな子だよ」とスクショ送信、からの「彼女できたんだって？　おめでとう」と元カノがヨシオにLINE（ほっといてよ！）
・彼ママや彼のきょうだい（特に姉や妹）とLINEで繋がったら、個人的に「ヨシオに◯◯と伝えてください」やら、雑談やら愚痴やら送ってくる（めちゃくちゃレスに気を遣うんだけど！）

❖ＳＮＳで彼の家族と馴れ合うと、ペット以下の立ち位置になり、曲者な友達は貴女を遊び人扱いしてくる！

結婚前の段階で、彼氏の家族と馴れ合うと激しく厄介なことになってしまいます。

私たち彼女側は、彼氏の家族（特にＳＮＳで距離感詰めてくるのは女家族が多し）に対して、いつも以上にめちゃくちゃ気を遣うじゃないですか？　下手したら仕事中よりも、対応も言葉選びも相手を傷つけないように、機嫌を損ねないように気を張り巡らせるじゃないですか？

そうやってニコニコとなんでも飲み込んだ結果、彼の家族内カーストで貴女が一番下に設定完了（ポチ子より下や）。

終わりのない愚痴の吐き捨て場にされてしまったり、雑用を命令されてしまったり、「最近ヨシオ君、家に寄り付かないんだけど、メリ子ちゃんヨシオ君のこと独占するのやめてね」と言われてしまったり（いやいや……　私は何もしてません……）、めちゃくちゃ面倒なことになってしまうのですよね。

結婚前からこういう立ち位置になってしまうと、無論、結婚生活についても何かと口出しをされることになってしまうのです（要はナメられているのです！）。
しかも結婚前から貴女がその扱いを許してしまっていた実績（！）があるからこそ、男性もそれを問題だと感じず、放置します（仲がいいとすら勘違い）。そうなってしまうと、女性って夫のことが徐々にキライになってしまうのですよね……。

もちろん、世の中こんな家族ばかりではありません（貴女もそうじゃないでしょう？）。しかし多くの既婚者が、義家族とのお付き合いに頭を悩ませているのは事実です。
覚えておいて欲しいのは、彼氏の家族がノリノリで「SNS（LINE）教えて〜♪」というタイプだった場合、きちんと対応しなくては地雷を踏んでしまうということです（こちらが距離感をコントロールするちゅうことや）。

彼の家族だけではありません。運が悪く、彼氏の友人に曲者がいた場合（だいたい男性はコレに気がつかないんだなぁ）、**貴女のSNSを見て「この子、遊んでそうだけど大丈夫？」など余計なことを吹き込んできます（なんと、友人が『ど本命恋愛』しているのを邪魔したい男っているんです！）。**

こんな風に第三者のせいで、彼との恋愛がうまくいかなくなるなんてバカバカしいとは思いませんか？　こんな厄介なことにならないためにもP122の「**ダラけた関係を終わらせ、プロポーズさせるためにやるべきこと**」を参考に、タイムラインを棚卸ししておいて、情報を密告者（笑）に与えないことが大切なのです（申請を断れない方は特に！）。

さて、**問題はLINEです。**彼氏の家族や友人が個人LINEしてくる人の場合、どういった対応が正解か、お伝えしていきましょう！

MISSION 彼がいるグループLINEでのみレスするキャラを貫くべし！

みんなでホムパや、誕生日会……。話し合って決めておくことがたくさんある。きっとこんなシチュエーション、皆様も経験あると思います。そのとき彼の家族や友人から個人LINEで貴女宛に問い合わせが来たら、**グループLINEに繋げてしまいましょう。**

NGバージョンも問題があるワケではありません。人としてまともな対応をしています。**しかしここでは、「相手と結婚すると想定して、今後数十年親族として交流し続ける」ことをイメージするのが大切なのです。**

「ヨシオに伝えるよりも、この子に伝えた方が気を遣ってくれるし、楽♪」と思われてしまうと、イベントから法事からすべて頼りにされてしまって、大変な思いをする可能性が高まってしまうのですよね（メリ子はせっせと働き、みんなはコタツで宴会……）。

だったら初めっから変に物わかりのいい子のフリをせず、OKバージョンのように、**「感じは悪くないし、きちんとしているけれど、まずはなんでもヨシオに確認する人」というキャラになってください。**

彼氏には「貴方のご家族のことだから、まず貴方に相談したい」と立てる発言をした上で、「グループLINEでやり取りしてくれると、情報共有できて助かるんだよね！」と伝えましょう。「勝手に連絡してくれてもいいのに～！」と返されたら、「でもね、もしかしたら長いお付き合いになるかもしれないでしょ（ニコ♡）、だからこそ丁寧にお付き合いしていきたいんだ」と「**貴方の家族を思って、貴方を立てていますよ」というスタンスを崩さないことです。**

NG 個人LINEでやり取りしている

ヨシミ

ヨシミ

メリ子ちゃん元気〜
来週のお花見だけど、何時に集合がいいかな〜？
12:12

こんにちは〜 そうですね、何時頃にしましょうか？ヨシミさんたちのご都合のいい時間帯ありますか？
既読 12:45

OK ヨシオから連絡してもらう

ヨシオ家

ヨシミ

メリ子ちゃん元気〜
来週のお花見だけど、何時に集合がいいかな〜？
12:12

こんにちは〜 来週楽しみですね ちょっとヨシ君にも確認して後ほど LINE します
既読 13:40

（ヨシオとスケジュールを確認し合い、
グループ LINE を作ってもらいヨシオから LINE してもらう）

ヨシオ

お疲れ！来週だけど、東門に 10 時集合でどう？
17:40

既読 17:55

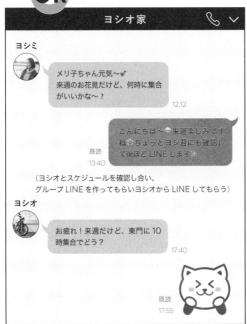

友達にせよ、家族にせよ、**彼側の人間とLINEなどのSNSを通じて仲良くしようとするより、彼に対応を任せて立ててあげることが、巡り巡って貴女が大切にされることに繋がってくるのです（立てられると男性はそれを自分の役目だと認識するものなのです）。**

「彼側の人と仲良くしたい！」と差し出がましいことをすればするほど、彼との仲までこじれてくるものなのです（よほど人間関係の立ち回りがうまい方は話が別ですが）。

これができていれば、結婚後、義家族と夫の間に立たされて苦しむことは防げます。理不尽にパシリ扱いされて、義家族のことを恨まずに済むでしょう。

彼への「メス力」に集中して円満な関係を育むことができるのです。

MISSION まとめ COMPLETE

■ 彼氏の家族や友人に突っ込まれるネタをあげないためにも、タイムラインはしっかり棚卸しすべし！

■ LINEは丁寧な返信＋「確認してみますね♪」でグループLINEのみ活用が正解！

即レスした方がいいとき、そうでないとき、何が違うか知っていますか？

「即レス禁止」「即レスしすぎると男が逃げる」
「いや、即レスしないのは礼儀知らず」

LINEについて恋愛メソッドを調べたことがある方は、即レス禁止の王道から、即レスすべしの逆張りまで、一通り目にしたことがあるのではないでしょうか？

そしてどっちが正解なのか？　困惑してしまって「結局、どうしたら彼に嫌われないで済むの？」とLINEを打つことすら怖くなってしまう……。

「メス力」でも原則として即レスは禁止です。なぜならシンプルに、俺様にはまり込んでいる女だと思われてしまって、男性の狩猟本能を萎えさせ、あっという間にマンネリ化（プロポーズせんでいいか）してしまうからです（このへんのことは神崎メリのコラムで100万回読んで知っちょるけん！　という方も多いハズ。笑）。

今回はほんのちょっぴり上級者向けなのですが、**モノにしたら貴女の武器になる即レスMISSIONをお伝えしていきましょう。**さて、その前に復習です。こんな即レスは男性の狩猟本能を萎えさせてしまうので、禁止でございます。

男性が「この子にはプロポーズせんでいいか！」と手を抜く即レス

・彼からのLINEは第一優先！　常にスマホを意識して、30分以内にレスを徹底（スマホばっかり意識して、ロクに仕事もしていない恋愛中毒の頭空っぽな女の印象に）

・「何してる？」という彼の問いかけに「ん？　何も！」（ワクワク……かまってくれるのかな♡）と即レス（俺様がいつでもコントロールできるお手軽な女の印象に）

・「仕事終わった〜」のLINEに「お疲れ様！　私も終わりそう」と即レス（チャンスがあれば会いたいのがバレバレ）

・深夜に彼からLINEが来たら、目をこすりながら即レス（寝てないんかいw）

❖即レス女はメリハリがなくて、男を夢から覚ましてしまう！

いついかなるときでも、即レスする女……。恋愛が盛り上がっている最初の頃はバンバンガンガン彼からもＬＩＮＥが届くことでしょう。しかし、ず〜っと即レスし続け、毎週当たり前のようにデートしていると、オンライン（会っていないとき）でもオフライン（会っているとき）でも、「貴方に夢中です♡」感がダダ漏れしすぎて、男性はだんだんと手を抜くようになってしまうのです。

男性を「夢中」にさせて「ど本命彼女」としてプロポーズさせるためには、メリハリを効かせた関係を私たち女性側がプロデュースすることが大切なのですよ。常に繋がってしまうのは、男性を夢から覚ましてしまうことなのだと、気がついて欲しいのです！

ここまでは、本書を読み進めてくれた方からすると想定内の「メス力」だと思います。

では、即レスしてもいいときとはどんなシチュエーションなのでしょう（妄想してみるべし）。

MISSION

〝ツッコミ待ち〟の男性には即レスでかまってあげるべし！

皆様、世の中の男性というのは私たち女性が思っている以上に、冗談が大好きなかまってちゃんです。

きっと貴女も男性と恋愛しているとき、つまらないギャグを飛ばされたり、三流なボケをされて、「？？　どういうこと？　何、これってツッコミ待ちなの……？」「は？　オヤジギャグ？　しょーもなッ！」と困惑した経験があると思います……。

このとき！　このときなのです！　貴女が即レスすべきタイミングは！

NGバージョンは、彼がボケているのに対して「野菜ジュース飲んでね」とマジレスをし、彼のボケを潰してしまっています（なんの解説なんだこれは）。きっとこういう風にマジレスしてしまう女性も、親友とかには、「何言ってるの？ｗ」とツッコミを入れたり、「はいはいお産婆さんが通りますよ～」とさらにボケ返したり、キャッチボールを楽しんでいるのだと思います。

しかし、相手が彼氏や、好きな人となると途端につまらない常識人なレスをして、「俺、スベったな……」と男性をいたたまれない気持ちにさせてしまっているのです。

これが続いてしまうと彼からオンラインでもオフラインでも冗談を言ってもらえなくなります。

NG 嫌われたくなくてマジレスしてしまっている

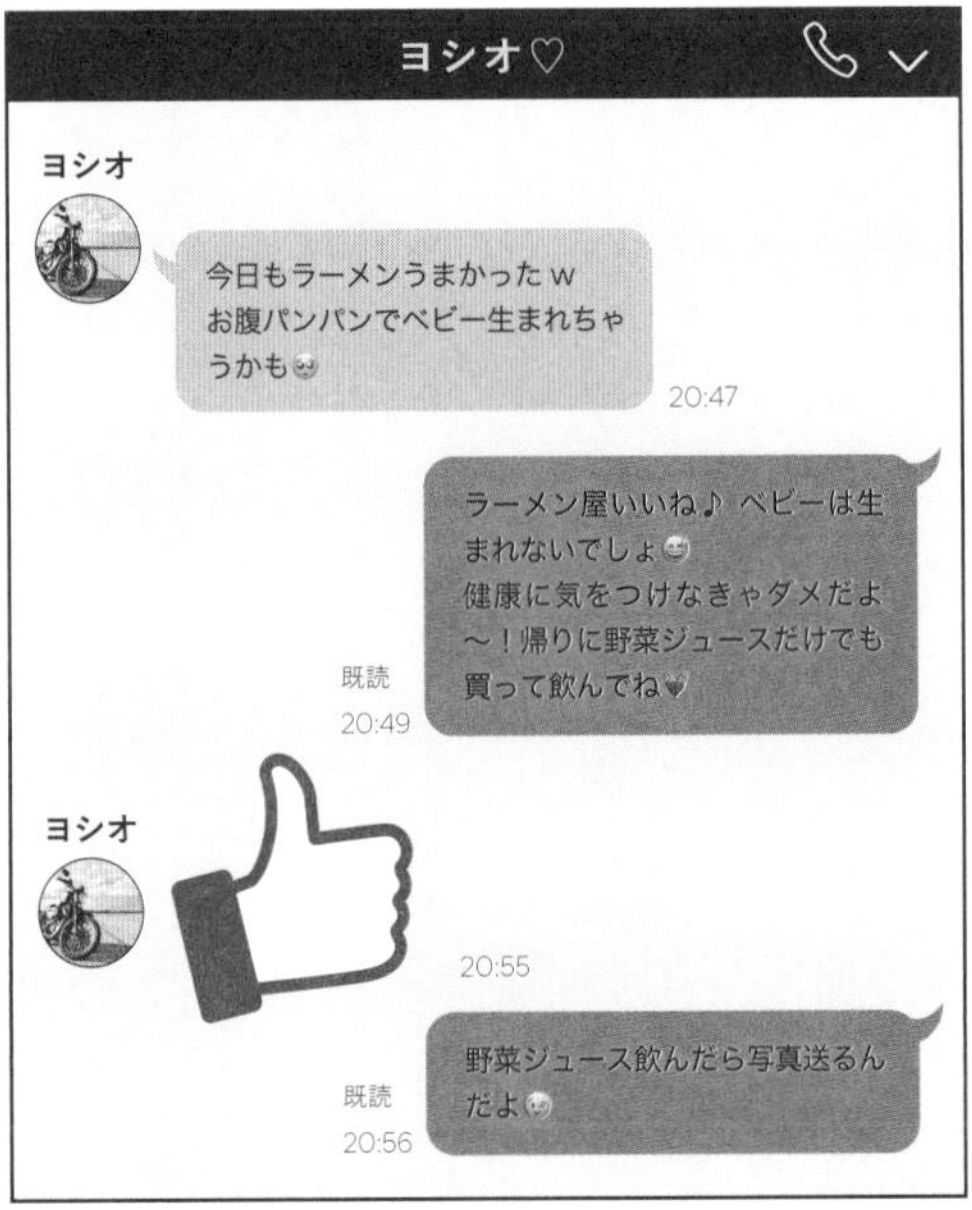
ヨシオ♡
ヨシオ
今日もラーメンうまかったw
お腹パンパンでベビー生まれちゃうかも
20:47
ラーメン屋いいね♪ ベビーは生まれないでしょ
健康に気をつけなきゃダメだよ〜！帰りに野菜ジュースだけでも買って飲んでね
既読
20:49
ヨシオ
20:55
野菜ジュース飲んだら写真送るんだよ
既読
20:56

OK 友人ノリでバシッとツッコむ

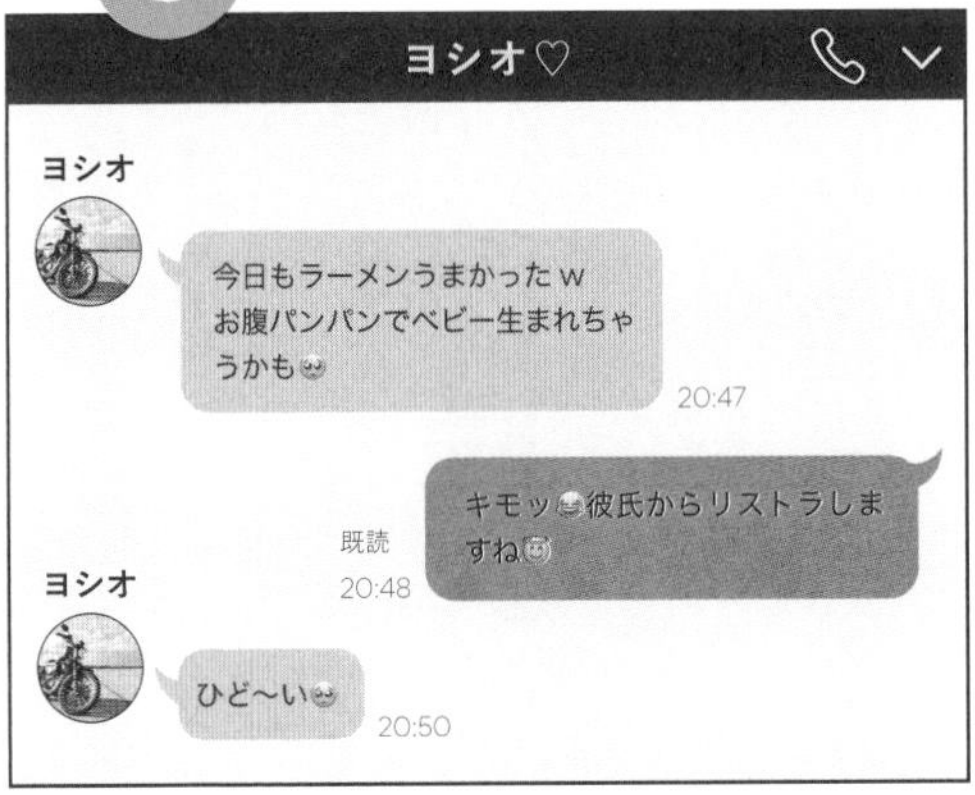
ヨシオ♡
ヨシオ
今日もラーメンうまかったw
お腹パンパンでベビー生まれちゃうかも
20:47
キモッ彼氏からリストラしますね
既読
20:48
ヨシオ
ひど〜い
20:50

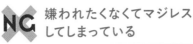

OKバージョンは、彼のボケに対してしっかり反応しています。**男性は基本的に「冗談を言って好きな人に笑ってもらいたい、ツッコんでもらいたい」イキモノです**（心の中にダウンタウンの松本さんが住んでいるのです……）。

学生時代、クラスで笑いを持っていく同級生に密かに憧れたものなのですよね（いいな～！　俺もドッカンドッカン沸かしたい……）。その気持ちを、心を許した女性に向けてくるのですが、**そのとき女性がしっかりと拾ってくれると、「この子、わかってるな～！」と離れられなくなるものなのです。**

男性がボケてきたとき、遠慮は無用です。

「バカじゃないのｗ？」「キモイからｗ」「はいはい、また始まりました！ｗ」「アホちゃう？ｗ」などなど、ちょっぴり辛口でもいいので即レスし、しばしやり取りしてあげましょう。**辛口だけど、ウケている感を出してあげてください。**

ツッコミが思い浮かばない方は、ツッコミ系のスタンプを用意しておくのです（彼が特定の芸人さんのファンなら、そのスタンプをダウンロードしておきましょう）。

あ、真面目キャラ、クールで男前キャラな男性がボケてきたときにけっして、ドン引きしてはいけませんよ？　彼は心をあっという間に閉ざしてしまうかもしれません。

MISSION まとめ COMPLETE

- 即レスすべきタイミングは彼がボケやギャグで「かまってオーラ」を出してきたとき！
- 遠慮は不要、辛口かつ「も～ウケるしｗ」感で男心を満たすべし！

モーニングコール、栄養状態の確認、忘れ物……「私がなんとかしなくちゃ」が落とし穴

彼のことを一人前のオトナの男に〝私が〟してあげなくちゃ……。

そこのお嬢さん、その思考回路こそが「ど本命彼女」から降格する原因なんやで……。なんだろう……。私たち女性の中にある「この人を一人前の男にしたい」願望は……？

「家のことは私にマネージメント任せて！　仕事に集中してもらって大丈夫だから！」と言わんばかりに勝手にマネージャー気取りになってしまう。

「ヨシ君、ホント朝弱い人だから」と起床後すぐにモーニングコールをし、お昼にはＬＩＮＥで「今日は何ランチ食べたの？　夕飯の予定は？」と、食事の栄養状態を確認。

「いつもの定食屋でサバ味噌煮！　夜は同期と飲みだよ～」「え？　また飲み？　も～カラダ壊すよ～！　終電までには解散するんだよ！」と生活全般を正そうとする。

「男っていうのはね、ホント生活がテキトーだから、しっかりした女が見てあげなきゃダメなのよね！」そうして彼氏にせっせと尽くしてきたものの、だんだんと彼氏の方から

ＬＩＮＥしてくる頻度が下がって、挙句に女の影までチラホラ感じるように……（誰からのＬＩＮＥ？　コソコソ見てるけど、顔がニヤついてる……）。

誰かをお世話したい。

この気持ちは私たち女性が持つ、母性本能から来ています（本能だから厄介なんやわ）。

愛おしい相手だからこそ、役に立ってあげたいし、大きい声では言えないけれど、「この子いい嫁になりそう♪」ってとっとと結婚申し込まれたいじゃないですか（わかりますよ、私もやらかした過去があるのでねぇ……）。

でもね、これを続けていくと男性にとって貴女はお母さんとしか見えなくなってしまい、「え～、俺できな～い！　やっといて～」とまさにダメ息子化してしまうのです！　この現象を「メス力」では「プロオカン」と言っております……。

貴女は彼氏にＬＩＮＥでこんな風に「プロオカン」をやらかしてはいませんか？

男にお母さん扱いされてしまう「プロオカン」ＬＩＮＥ

・お互いの予定をアプリなどでシェアし「あの件忘れてない？」とリマインドをかける
・モーニングコール係である

・電話しないまでも、「起きた〜？」とLINEで確認する
・食生活をいちいちLINEで報告させる
・「家ついたらLINEして〜」と帰宅報告を義務化
・「おはよう」「おやすみ」を義務化（生活スタイルの監視）

❖男性を子ども扱いすると、子どもになる

神崎メリ、これを書いていて恐ろしいことを思い出しました。ン十年前、mixiで当時の彼氏と2人きりのコミュニティを作って、毎日の食事を記録させていました（な？　盛大に「ど本命クラッシャー」やらかしとるやろ？）。

気を取り直して（ごほん）。皆さん、冷静に考えてください。彼は子どもですか？　小学校低学年の男子ですか？　え、オトナ？　でも貴女が子ども扱いしているのではありませんか？

ここで男女の法則をお伝えしましょう。

男性は女性が扱った通りの人間になります。子ども扱いすれば、責任感も主体性もないガ

キんちょ「おクズ様」になり、オトナの男として扱えば、男性はそうなるということです！

「彼氏が頼りないんです」「なんか、私のこと、いるのが当然って感じで、結婚の話も全然出ません！『おクズ様』なんですかね？」なんて悩む前に、まずは貴女が彼氏の扱いをガラッと変えてみてください（特に交際期間長めなそこの貴女！）。

MISSION

彼をコントロールする「プロオカン」にならない。信頼と放置でオトナに育てよ！

彼に追われたい、プロポーズされたい（こっちからせっつくんじゃなくて）、オトナの男になって欲しい……。**そんな風に思うのであれば、信頼し、会っていないときは適度に放置する"LOVE＆バイバイ"を徹底することです（会っているときは全力でデートを楽しむ）。**

さぁ、彼が飲み会に出かけたとき、こんなやり取りはご法度ですよ。

NGバージョンは、もはや過干渉すぎます。でもこれ、「気が利く女の私」だと思って、終電

NG まるで子どもを心配するオカン

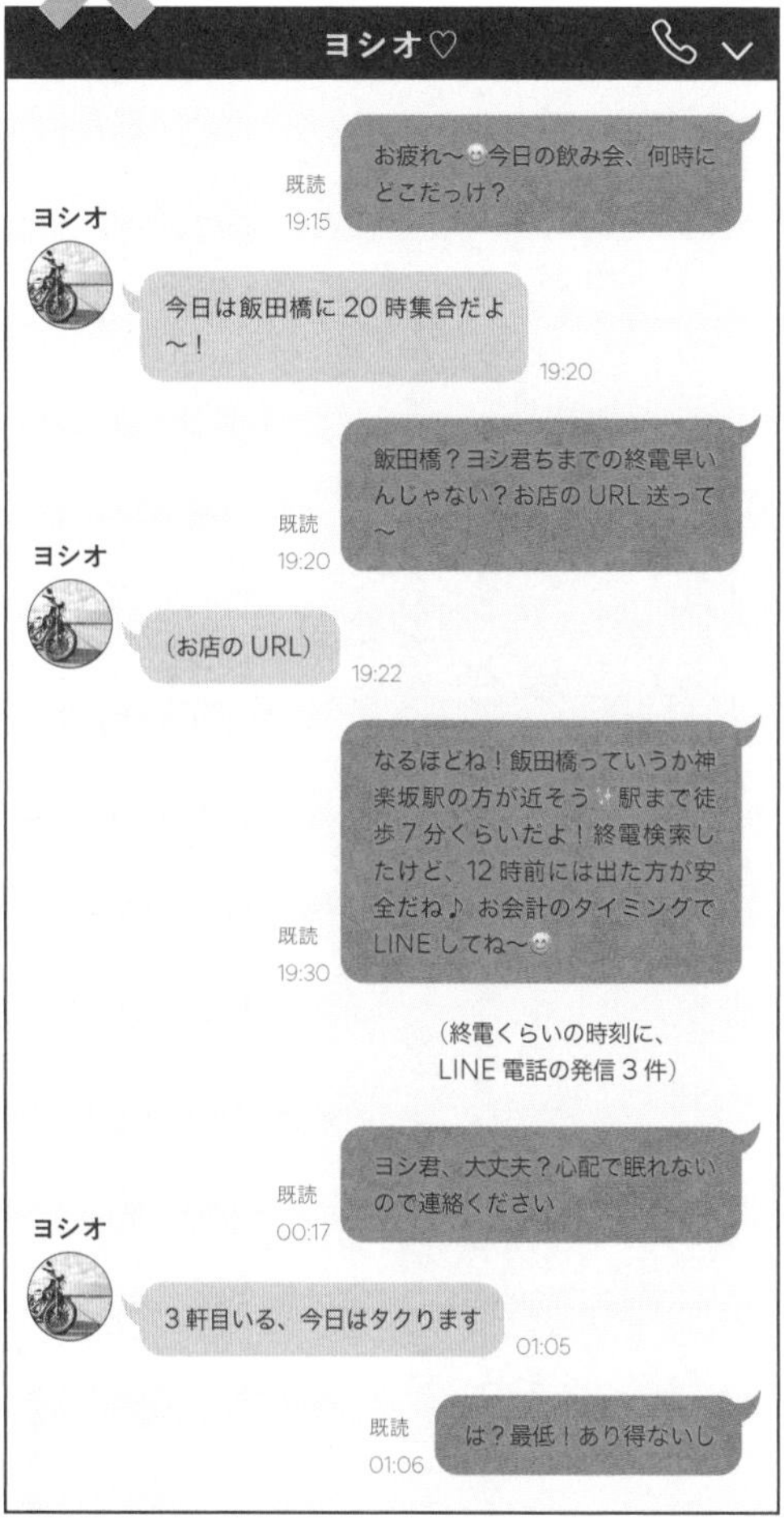
ヨシオ♡
お疲れ〜今日の飲み会、何時にどこだっけ？
既読 19:15
ヨシオ
今日は飯田橋に20時集合だよ〜！
19:20
飯田橋？ヨシ君ちまでの終電早いんじゃない？お店のURL送って〜
既読 19:20
ヨシオ
（お店のURL）
19:22
なるほどね！飯田橋っていうか神楽坂駅の方が近そう駅まで徒歩7分くらいだよ！終電検索したけど、12時前には出た方が安全だね♪ お会計のタイミングでLINEしてね〜
既読 19:30
（終電くらいの時刻に、LINE電話の発信3件）
ヨシ君、大丈夫？心配で眠れないので連絡ください
既読 00:17
ヨシオ
3軒目いる、今日はタクります
01:05
は？最低！あり得ないし
既読 01:06

情報を調べているのですよね。そして「終電までに帰らないと心配（お金ももったいないし、女の子との出会いがあったらどうしよう！）」という不安や自分の価値観を、うま〜く親切風オブラートに包んでＬＩＮＥしているのです。

でもちょっと考えてみてください。私たちだって楽しい集まりでつい、遅くなってしまう

ことなんてあるじゃないですか？　それをいちいち、やれ心配だのなんだの言われるとウンザリしませんか？　男性は束縛を感じても〜っとウンザリし、**彼女に飲み会の予定などを隠すようになったりするので要注意なんです**（オカンに隠れて悪さする息子になるんやで）。

OKバージョンは、そもそも「今日の飲み会」について探るようなLINEはしません。相手のプライバシーを詮索するヒマがあれば、自分のことをします。お節介も「ポカリ飲んどけ」程度で押しつけがましくありません。女性がこういう風に、LINEでコントロールしようとしないスタイルでいると、男性はわざわざ隠し事をしませんし（自分から飲んでくるねと報告するようになります）、「よっぱらたよぉ〜♡」とか甘えて電話してきたりします（笑）。

OK 相手に干渉しすぎない

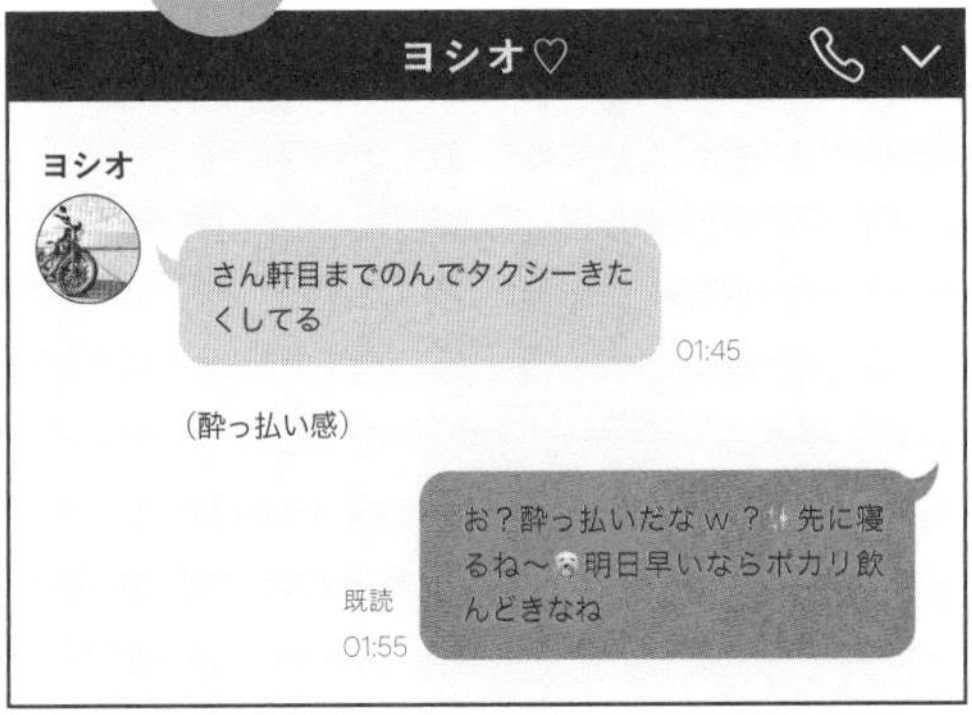
ヨシオ♡
ヨシオ
さん軒目までのんでタクシーきたくしてる
01:45
（酔っ払い感）
お？酔っ払いだなｗ？先に寝るね〜明日早いならポカリ飲んどきなね
既読
01:55

そして何よりも皆様にお伝えしたいのは、男性のマネージャーこと「プロオカン」になるようなヒマがあるのならば、経済的に彼をアテにしなくてもいいように、仕事のスキルなどを磨いて欲しいのです！

「ここまで尽くしてるし、彼と結婚するし、仕事はまぁそこそこでいいか……」と適当に生きた結果、30歳過ぎて彼氏にフラれ、何も残っていないなんて女性があまりにも多いのです（特に同棲するとこの傾向が強まります）。人生、何があるかわかりません。結婚してもそうです。この宇宙に「絶対大丈夫」はないのです！

「この人にすがらなくても自分で生きていける」。この気持ちは恋愛や相手の収入に（勝手に）依存する、魅力のない女にならないために必要ですよ。

自分で生きていくチカラがある女性に、頼りにされたり、甘えられると男性は自信がつくものなのです。

恋愛においてリスクしかない「プロオカン」はやめ、その時間はお金という自分を守る武器を手に入れるために充てましょう！

MISSION まとめ COMPLETE

- **LINEなどのSNSで彼のマネージメントをする「プロオカン」にならないこと！**
- **そんなヒマがあるならしっかりと自分で稼ぐ女になるべし！**

「ど本命クラッシャー」LINEが結婚を遠ざけている！

んも〜〜〜！　ガマンできないっ！

絶対にあの人私と結婚する気ないんだ！　考え出したらイライラしてきた！　この気持ち今すぐ伝えなきゃスッキリしない！（イライラ）

「ヨシ君お疲れ。最近の貴方の態度はなんですか？　前に比べて会いたがってもくれないし、この間だって疲れてるっていつもより早く帰ったよね？　本当はなんか隠し事あるんじゃないの？　私たち来月で付き合ってもう2年になるんだよ？　どうせ貴方は忘れていたでしょうけど。結婚する気ないならサッサと私も次に行きたいんだわ。そろそろハッキリして」

送信っと。はぁ、スッキリした……。早く返信来ないかな（ゴクッ）。

一方的で感情的なLINEを彼氏に送りつける（ヨシオ絶賛仕事中）。

最低最悪の「ど本命クラッシャー」ですが、そこの貴女、「あっ、やったことある」とギクッとしたのではありませんか？

　そもそもなぜ私たち女性が疑い深く、不安になりやすいかというと、**女性は男性に比べて幸福を感じるホルモンであるセロトニンが少ないのだそう**（ＰＭＳのイライラなんかもセロトニンの分泌が不安定になるからなんですと）。

　なので情緒不安定になりやすく、ＰＭＳのときなんかにひとたび「彼に大切にされてないかも！」なんて考え出すと止まらなくなってしまうのですよね……（**絶対そうに違いない！と謎の確信をしちゃう**）。

　そこからの一方的なＬＩＮＥですよ。ぶっちゃけほとんどの女性が経験しているのではないかと、神崎メリは考えています（もちろん私含めて。笑）。

　しかし「そっか～！　みんな経験あるなら平気か！」とホッとするのはお待ちを。

　長く円満関係を保っているカップルや夫婦の少なさを見たときに、「ど本命クラッシャー」ＬＩＮＥにこそ、関係をぶち壊す地雷が埋まっていると考えた方が、これから貴女が彼氏と長く円満関係を築く上で建設的だとは思いませんか？

　いま一度、彼氏に対してこんなＬＩＮＥを定期的に送っていないか、振り返ってください！

「この女ヤベェ」と結婚する気が失せる「ど本命クラッシャー」LINE

・「どうせ私のこと好きじゃないんでしょ！」とキレて試す
・「そういえばこの間のあの話どういうこと？」と何気ないやり取りに因縁をつける
・「わかりました、もう連絡は結構です」と一方的にキレた上に敬語
・「私のこと本当に思ってたら○○してくれるんじゃないの？」と被害者ぶる
・「今日はもう帰ってこないでください」と同棲中の彼氏を締め出そうとする
・「死にたい」「消えてしまいたい」「私なんている意味がない」と脅す
・とにかく長文長文長文長文（スクロール終わんね〜〜〜）
・彼が仕事中でも、早朝でも関係なしで送りつける
・彼からの返信が遅いと「遅くない？」と絡む

❖本当は貴女は愛情を確認することで安心したいだけ！

キレ系のLINEを送る貴女も、メンヘラチックなLINEを送る貴女も、そろそろ気がついて欲しい。**彼からの愛情を実感したくて試し行為をしているに過ぎないって。**

「私のこと好きじゃないんでしょ」には「そうじゃないよ、結婚も考えてるし、大好きだよ」と答えて欲しいんだよね。「消えたい」には「俺が寂しいからダメ」と力いっぱい抱きしめて欲

しいんだよね。

「ど本命クラッシャー」の裏にあるのは、愛情を確認したい「寂しさ」なんだよね（すべてセロトニンの不足が引き起こす罠《わな》なんや）。でもなかなかこの罠に気がつくことができなくて、イライラに流され「ど本命クラッシャー」LINEをしてしまうんだよね……。

「メス力」戦士たるもの、この事実に気がついたらしっかりと対策していきましょう（すべてはど本命婚のためや！）。

MISSION

キレるよりも甘えることで男の庇護欲をくすぐるべし！

NGバージョンですが、こういうLINEする子、同性でもいませんか？ 相手から「そんなことないよ」という言葉を引き出したくて、「でも私なんて……」的なことをネチネチネチネチLINEしてくる（は〜、またか…… しばらく既読付けるのやめとこ……）。

キレ系のLINEを送る貴女も、メンヘラチックなLINEを送る貴女も、愛情を試した

めにちょくちょく「ど本命クラッシャー」LINEをしていたら男性の気持ちは冷めてしまうだけですよ。

「こんなややこしい女と結婚なんかしたら、もう死ぬほど鬱陶《うっとう》しそ〜」と「ど本命彼氏」ですら逃げ出しますからやめましょう！

OKバージョンですが、大前提として彼氏にはPMS期間中は感情が不安定になることを、あらかじめ伝えておいてください（PMSについて説明してあるサイトを見てもらうのが◎）。

その上でモヤモヤイライラしたときは、「こういうときは貴方にハグしてもらうと落ち着くんだ♡」的な流れを作ってしまえばいいのです（ハグをするとセロトニンが分泌されるのだそうですわ）。

普段から恋愛に依存せず、LINEでもベタベタしすぎない貴女だからこそ、男性は「お？もうそんな時期か？　しょうがないな〜♡」と愛おしさを感じながらハグしてくれることでしょう（いいこいいこ♡）。会えないときはLINEで「ハグして〜♡」「ギュ〜」など文字だけハグしてもらってもいいのですよ（エアーハグ）。

寂しさや不安をそのままぶつけても、溝は深まるばかりです。まずは貴女自身が「お、セ

NG ネチネチと被害者ぶって
愛情を確認しようとする

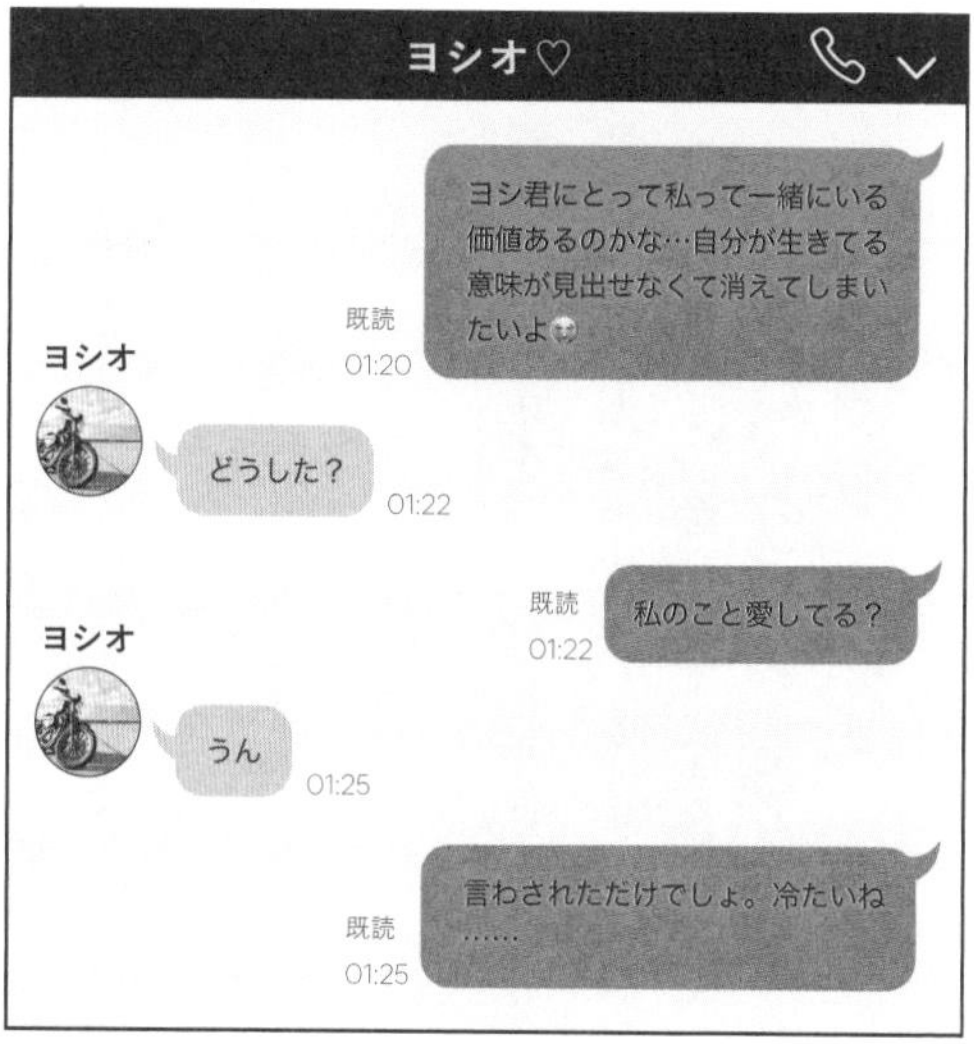
ヨシオ♡
ヨシ君にとって私って一緒にいる価値あるのかな…自分が生きてる意味が見出せなくて消えてしまいたいよ
既読
01:20
ヨシオ
どうした？
01:22
既読
01:22
私のこと愛してる？
ヨシオ
うん
01:25
既読
01:25
言わされただけでしょ。冷たいね……

OK 素直に弱みを見せて甘えている

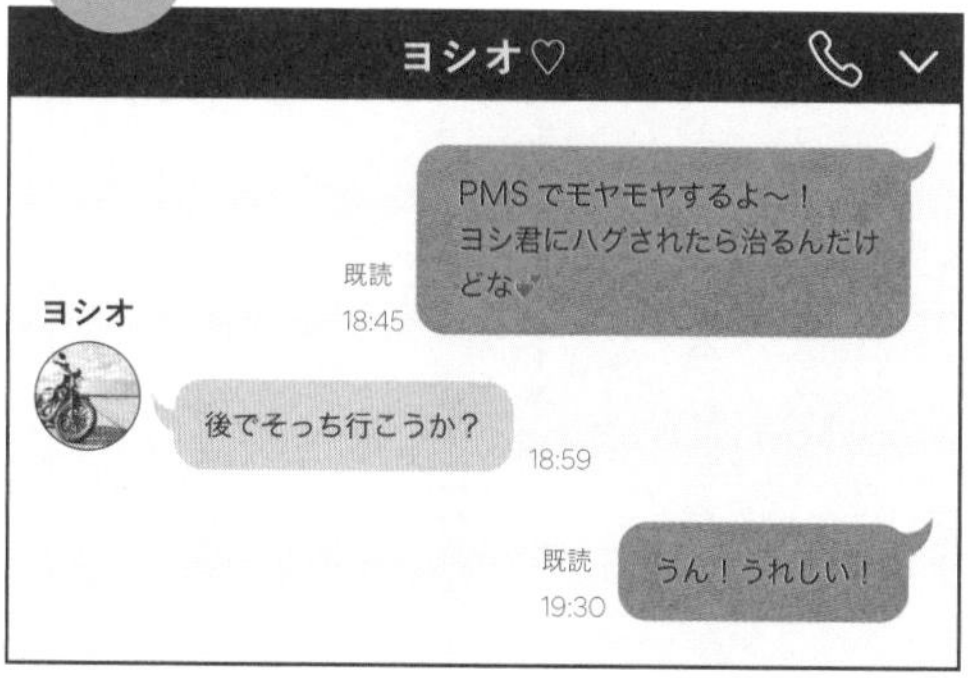
ヨシオ♡
PMS でモヤモヤするよ～！
ヨシ君にハグされたら治るんだけどな
既読
18:45
ヨシオ
後でそっち行こうか？
18:59
既読
19:30
うん！うれしい！

ロトニン不足でモヤモヤしてきたな？」と自覚して、素直にゴロニャンと甘えること。それを受け止めてくれる関係を築くことができれば、「ど本命クラッシャー」ＬＩＮＥをしちゃうことは、ガクンと減っていきますからね！
聞きたいことは直接会ったときに冷静にお話ししましょう！

MISSION まとめ COMPLETE

- ＬＩＮＥで感情をぶつけても男性から愛情は引き出せないどころか、冷められてしまう
- 不安なときは、素直に甘える！　聞きたいことは直接冷静に話すべし！

彼となかなか会えなくても、LINE電話でやってはいけないこと！

寂しい……。でも簡単に会える距離じゃない……。次に会えるのは半年後かぁ……。

マッチングアプリの影響なのか？　以前より遠距離恋愛をしているカップルが増えているみたいです（コロナ禍で会えないカップルも多し……）。

実は私自身、とお～いとお～い昔に遠距離恋愛をしていました。インターネットがない時代です。メールではなく、手紙と電話でやり取りをしていました（アナログやなぁ）。なので、貴女の寂しさ、よく理解できますよ（会える日を指折り数えて待っていた若き日のワタクシ）。

でもあの頃と比べて今って便利じゃないですか？　LINE電話で簡単にお互いの顔を見て話すことができちゃいますよね（しかもWi-Fi繋いでいればそんなにお金も掛からない！）。

確かに実際に会うのとLINE電話とでは違うけれど、繋がっている感はあると思います。

でもだからこそLINE電話は危ないんです！　もう地雷、いや、大地雷が埋まっちゃっているんです！　遠距離やなかなか会えない彼とこんな風に、LINE電話（Zoomとかも然り）しちゃっていませんか？

LINE電話でコレをやると彼の恋心が冷めてしまう

・毎日必ずLINE電話をする
・LINE電話を繋げっぱなしで生活する
・金曜の夜、土曜の夜は絶対LINE電話する決まり

❖監視されている感で彼の気持ちが離れていく

ここからは私の友人男性2人から寄せられた、LINE電話が原因で破局になった体験をご紹介したいと思います。

友人A君は、束縛しいで恋愛依存な女性と婚約していたそう。2人は遠距離恋愛ではなかったのですが、婚約者さんの意向で帰宅後は寝るまでLINE電話（顔出し合い）を付けっ放しで生活することを義務付けられていたのだとか……。

友人と遊ぶのも「LINE電話できないじゃん！」と禁止。

そのうち「今日は疲れてるから寝る」と早めにＬＩＮＥ電話を切ってしまうように（もちろん嘘）。そんな生活に嫌気がさし、彼女と会っていても楽しくなくなって、ケンカも増え婚約破棄になったのだそう……。

別の友人Ｂ君は、国際遠距離恋愛中の彼女さんが「土曜の夜はＬＩＮＥ電話の日ね！」と決定し（時差ガン無視）、土曜の夜（日本時間で）には断固として予定を入れさせないようにしてきたのだとか。義務感と束縛感で息苦しくなって、ＬＩＮＥ電話を繋いでいても全然楽しめず無言多めに。そんなＢ君の変化に傷ついた彼女さんは泣きながら責め立てることが増えてしまって、結果として別れることになったんだそう。

２人とも口を揃えて、「ＬＩＮＥ電話の義務化は本気で萎える！」と断言していました。彼らはちゃんと彼女さんたちのことを好きだったのに、いつしか彼女の存在が重荷になってしまったのです……。

彼らは彼女さんたちのことが大好きだったからこそ、バカ正直に約束を守り、結果として気持ちが離れてしまったんですよ。

何が言いたいか伝わりますか？　貴女の彼氏が貴女のことを大切に思えば思うほど、約束を守ってくれようとするでしょう。それを「彼も望んでることだから」なんて思っていちゃダメだとお伝えしたいのです！

「毎日ＬＩＮＥ電話する」「ＬＩＮＥ電話を繋ぎながら生活する」「毎週土曜日はＬＩＮＥ電話の日」なんて決めてしまうのは大地雷なのだと気がついてください！

遅かれ早かれ、貴女は彼にとってトキメク対象ではなくなり、飽きてしまうのです！

大好きな人とさっさと「ど本命婚」するために必要なのは、貴女を生活の一部にさせないことです。**男性は生活の一部になってしまったものを大切にはしますが、恋焦がれる気持ちにはなりません。**

貴女がＬＩＮＥ電話というツールを使って、彼に近付くほど、彼の恋の炎は小さくなっていくのです（既婚者の方は少し変わってきます）。

今、彼氏とＬＩＮＥ電話を繋ぐことが当たり前になっている貴女。本当にそれでいいのか立ち止まって考えてください。

せっかくＬＩＮＥ電話をするのであれば、きちんと男心を撃つ工夫をしていきましょう。

MISSION

LINE電話は2人のイベントにして季節感を出すべし！

NGバージョンは、義務化されたLINE電話を前にして彼がダレてしまっています。こういう態度を取らせているのは他でもない、貴女との約束なのです（男性は大好きなHですら義務化されるとヤル気なくすのや！　どれほど義務が苦手か理解しておくれ！）。**こういう態度をされると、女性はイライラして泣いたりキレたりと「ど本命クラッシャー」してしまいどんどん悪いループにハマっていきます。**果たして彼は画面の向こうで吠える貴女の姿を見て、貴女に会いたくなるでしょうか？

OKバージョンは、LINE電話をイベントにしています。「この日はLINE電話しよう♡」と決めるにしても、給料日の乾杯デーにしてしまうとか、あくまで生活の一部ではなく、イベント的な雰囲気を出すよう工夫してください。**日常ではなく、おめかしして会うデートと同じだと想像してみてください**（若い子におめかしって言葉伝わるのか？）。

あとはインテリアにちょこっと季節感を出したり、夏には浴衣を着たり、クリスマスにはサンタコス（いやらしくない感じでな。笑）をしたりしてみましょう。男性はそういう女性ら

NG
ねぇ、
聞いてるの？
あ？
うん聞いてるよ〜

OK
かんぱ〜い♡
今日は給料日だから
飲んじゃうもんねw
BEER

しいセンスにグッとくるものです（ついでに貴女のかわいさもアピールできます！）。どうしても顔が見たいとき、彼から「顔が見たい」と言われたときは、無理に我慢せずＬＩＮＥ電話しても◎です。

しつこく言いますが、大切なのは義務化しないこと、マンネリ化して生活の一部にならないよう工夫することなんです。あと間違ってもＬＩＮＥ電話でのＨは禁止です。画面録画されるのがオチですよ。

MISSION まとめ COMPLETE

- ＬＩＮＥ電話は便利だけれども関係を壊す可能性がある諸刃の剣だと心得るべし！
- デートと同じと考えて、季節感や衣装で女性らしさを放つべし！

それでも結婚の話が出ない彼へのLINE、最終手段

タイムラインの棚卸しをし、プロオカンや「ど本命クラッシャー」をやめ、彼のボケを拾ってあげ、今までの馴れ合った態度を貴女からしっかり改めたのに……。

一生、結婚の話にならんのだけどぉぉぉぉ！

そんな貴女へ。最終MISSIONのご案内をいたしましょう！

ちなみにこのMISSION、中途半端に〝彼氏の気持ちを確かめるため〟に実戦すると、「あ〜、俺の気持ちを確かめたいのね……どんだけ俺に依存してんの……（呆）」と見透かされてしまい失敗に終わることでしょう（男って彼女がネイル変えたのは気がつかないのに、彼女が自分にすがっているかは本能的に気がつくのよね……）。実戦前に、彼の対応次第では離れる覚悟を持って欲しいのです。

「彼と一緒にいたい」「でも結婚の見込みがないなら離れなきゃ」「でもそもそも結婚って形

にこだわる必要あるのかな?」「でも……私だって家族を持ちたいよ」こんな風な堂々巡り、女性なら一度はしたことがあるハズです。心のどこかではこのままの関係じゃいけないと理解している。でも変化をつけることで彼氏の気持ちが離れていってしまうのではないか? って不安で一歩踏み出すことができない……。

そんな風に苦しんでいる貴女、MISSIONを実戦する前にしっかりと自分の本心と向き合ってください。

本当は大好きな人に求められて結婚したいのではありませんか? 「どうせ男と女は3年もすれば恋愛感情なくなるんでしょ? だったら誰と結婚しても同じじゃない?」と自分の本心をごまかすような妥協婚なんかではなく、心から「この人と人生を歩んでいきたい」と確信できる男性と。

たった一度の人生を後悔しないためにも勇気を出して、自分の人生を自分で切り拓いていきましょう!

実戦前にまずやるべき「メス力」を改めて紹介します。何事も焦らず、しっかりと進めることが「ど本命婚」への近道です!

❖「ど本命婚」するための「SNSメス力10カ条」

❶ タイムラインの棚卸しをするべし（何も宣言せず、貴女の雰囲気を変える第一歩）
❷ LINEに依存しがちな方は返信は自分の用事が終わってからと決めるべし（例えば帰宅してシャワーを済ませるまでは返信しない・仕事が一段落するまでスマホに触らない）
❸ 原則、長文禁止にすべし（好きのダダ漏れ、「ど本命クラッシャー」の予防になる）
❹ 明るく・感じよく・爽やかな短文（1〜3行程度）を意識すべし（突き放す必要はない）
❺ SNSに彼と会っていないときに何をしているかわかってしまう投稿をしないと決めるべし
❻ 彼の周りの人間（彼の家族・友人）と馴れ合わないと決めるべし
❼ 彼氏の冗談には乗ってあげるべし！
❽ 彼氏とのLINEを人生の楽しみにしないと決めるべし（本当のお楽しみとは「ど本命婚」の後の生活に待っている！　目先の楽しさを優先すると結婚が先延ばしになる）
❾ デート中はスマホをバッグにしまうべし（スマホに依存しているのがバレると、返信が遅いのは駆け引きだと思われる）
❿ デート中はとにかく全力で楽しむこと（笑顔と感謝の言葉はお忘れなく……）

まずこの10カ条を徹底した上で彼からプロポーズの言葉がなければ、最終MISSIONに進んでいきましょう。

ここまで「メス力」を徹底してきていい女になったハズの貴女（後悔しないために、10カ条を中途半端にしてはダメですよ）、**彼氏の本音と向き合う覚悟はできましたでしょうか。**

では、今の彼氏と「ど本命婚」をするための最終MISSIONをお伝えしましょう！

MISSION

彼へのLINEとSNSの更新をやめるべし！

貴女が「SNSメス力10カ条」を徹底しても、彼氏がプロポーズしてこないのには、理由が2つあります。①**そもそも貴女と結婚する気がない**、②**貴女が自分から離れていかないと思って余裕ぶっこいている**。この2つです。

男性は「この女は俺から離れていかない」と感じると、ついつい結婚を先延ばしにするものなのです（ま、2年後でもいっか！）。**その余裕を焦りに変えなくてはいけません。**

「あれ？　この子俺から離れようとしてる……それはやっぱりイヤだ！　俺もそろそろちゃ

んとしなきゃ！」と気がつかせてあげるのです！

そのためには覚悟を決めて、丸1日以上はLINEの返信をしないでください（告白させるMISSIONと同じ原理ですね）。

貴女のことを大切に思っている男性は、「どうしたの？」と焦り、「何かあったの？」と心配して電話してくるなりするでしょう。

そこで「色々将来のこと考えちゃって」とだけ返信すればいいのです。鈍感な男性でも1日引かれた事で察するでしょう。その後貴女からLINEする必要はありません。色々と質問されたとしても、LINEの返信をせず、しばらく放置してください（強い心を持って！）。

ここで感情的になって「結婚する気なんてないんでしょ？」とLINEしてはいけませんよ！

彼氏にじっくりと自分の人生と向き合う時間を与えてください（こういう空白を持たせることが大切ですよ）。

その後の男性の反応はこんな風に分かれます。

❶ 慌ててプロポーズ（花束を片手に駆けつけてくるかも？）

❷「実は俺もちゃんと考えてた、きちんとプロポーズするから待ってて」と宣言

❸「3年後に結婚しよう」と結婚の話を曖昧にしようとする（数年後を提示する男性は結婚

する気がないので要注意！）

❹「俺、結婚する気ないよ」と堂々とおクズ様宣言

❺その話をスルーして今まで通りのやり取りをしてくる（結婚の話題から逃げたい）

❻なんとそのまま音信不通になる（だいたい半年後に連絡してきます）

❶❷はMISSION成功です。貴女が「SNSメス力10カ条」を守り抜いた結果、彼にとって貴女は欠かせない存在になったのでしょう。最終MISSIONで徹底的に「引く」を実戦した結果、彼の心を撃ち抜くことができたのです！　引き続き気をゆるめずに「メス力」を実戦して「ど本命婚」へ駆け抜けてください。

次に❸の場合ですが、**「2、3年はできない、仕事も忙しいし……」などもっともらしい言い訳をする男性は、貴女のことを「ど本命彼女」として大切に思っていません。**「そんなに先なら私は待てないわ」とハッキリと伝えましょう。ここで「あぁ、彼にとって私は本気の女じゃなかったんだね……」と悟り、お見切りするかは貴女次第です（数年を無駄にしないでとだけはお伝えします）。

さて❹❺❻は言わずもがな「おクズ様」です。**彼にとって貴女は「とりあえずの彼女」だったということ**（**涙**）。きっとこの彼氏に貴女は散々悩まされてきたのではないでしょうか？

ＬＩＮＥが全然来ないとモヤモヤし、ドタキャンされ、それらを追及すると意味不明で辻褄の合わない言い訳ばかりされ、会話にならず振り回されてきたのではないかと思います。

その一方で、友人たちは順風満帆に結婚していく。

仲良しメンバーも子持ちが増え、最近集まっても蚊帳の外。「メリ子、例の彼氏とどうよ〜？」と話を振られたから「実はね」と話し出すも、子どもたちがバタバタし出して、途中で会話終了（そしてまた子育てトークへ……）。

彼女たちが悪い訳じゃない。でもどうして私だけ〝当たり前の幸せ〟が手に入らないの？　ガックリと肩を落として帰宅。そこに追い討ちをかけるように彼から「悪い、明日無理になった」のＬＩＮＥが……。すぐに「なんで？」と返信したけど、未読。

あぁ、これまた数日音信不通になるパターンだ……と思わず涙が出てきてしまう。

生きていると、職場の人間関係、友人関係といろんなことが起きます。そんなとき彼氏だけでも自分の味方でいてくれたら救われるのに、それすら叶わず辛い思いをしているのではありませんか？　もう、いいのですよ。その彼氏は貴女にちっとも相応しくありません。

辛いことがあっても友達の前で「おめでとう」と笑顔を作り、仕事のストレスにも耐え、ひたむきに生きている。そんな貴女をちゃんと見ていない男性なんて、貴女に悲しい思いをさせるだけじゃないですか……。もう、その人と離れることを自分に許しましょう。

その彼氏に執着することをやめてもいいのです。きっと心のどこかで彼の本心には気がついていたことでしょう。認めてしまって前に進みませんか（最後はカッコよくお見切りして！）。

確かに、「結婚相手に選ばれなかった」この事実は何よりも私たち女性の心を傷つけます。周りが結婚を決めていくほど、「どうして私は選ばれないの？」とミジメな気持ちになるものです。

でもね、貴女が女性として魅力がないだとか、そういう理由ではないのですよ。シンプルにその「おクズ様」と縁がなかっただけなんです！

「私に恋愛のチャンスなんてもう訪れないよ」そう考えているなら、大間違いですよ。

「おクズ様」と離れると、不思議なくらい次の縁が回ってくるのです！

結婚するには、縁というものが必要です。この縁は「良縁」ばかりではなく、「悪縁」も存在します。悪縁の相手と結婚してしまった場合、地獄を見ます。

貴女には良縁をつかみ、幸せになるチャンスが残されています！

悲観することなく、「絶対に幸せになってやる！」という気持ちを持って進んでいきましょう（私もそうやって這い上がってきたんや……）。

PREMISSIONからやり直し、いい女にアップグレードしちゃいましょう（おクズ様よ、後悔しても遅いぜ！）。

「メス力」高い女は過去を恨まず、振り返らず、教訓にし、バネにするのです（おクズ様は貴女の踏み台だったのやなぁ〜！）。

今すぐにお見切りできなくてもいい。貴女が勇気を出せる日を待っています。

MISSION まとめ COMPLETE

男性の気持ちに変化を付けるためには「音信不通」コレを実戦すべし！

どんな結果になっても「幸せになる」この気持ちを捨ててはならぬ！

WARNING!!

このSNSは安全ではない可能性があります OFF

こんなおクズ様はお見切りして!

今の彼の「ど本命彼女」にはなれないかも? いま一度「ど本命」「本命」「おクズ様」の違いを理解すべし!

このページを読んでくださっている方の多くが、現在交際中の男性がいることと思います。「私の彼『ど本命』なのかな? 当てはまる部分とそうじゃない部分があるかも?」と悩んでいる方も、「メス力」次第では「ど本命」と言い切れるようになるでしょう。

私はとにかく忍耐力のない人間なので、ただの本命彼女扱いだと即お見切りしてしまいますが(笑)、読者様の中には「俺様がお前と付き合ってやってる! まぁいずれ結婚してあげてもいいぜ?」な本命彼女扱いから、「メス力」によって、追いかけられる「ど本命彼女」に昇格するケースもあります(根性のある女性たちだと思うわ〜! 俺様に追われる女になるって、なかなか難儀なこっちゃ!)。

さてさて「おクズ様」。浮気をしたり、嘘をついたり、ドタキャン、既読&未読スルーしまくり、Hだけは熱心な彼らですが、どう「メス力」を実戦したところで、彼らが貴女のことを「ど本命彼女」として愛することはありません。ほんの一瞬だけ、追いかけてくることもありますが、また浮気したりと適当なものなのです。

貴女の人生をドブ色にする、不要な人材です。または、腐りかけた食材（おクズ様）を調理（メス力）で、どうにか食べられるようにしようとしているのだと気がついてください！

「でも2年付き合ってるし」「彼だっていいところあるし」「私の一目惚れで」「イケメンで」「お金持ちで」「Hうまいんで」「私がいないとダメなんで」などの言い訳をせず、さっさとお見切りしてくださいませ（くっさいくっさいドブ川で腐った魚咥《くわ》えてクロールしてる場合か？　清流で泳ごうや）。

前置きが長くなりましたが、「ど本命」「本命」「おクズ様」の違いをお伝えしていきましょう（カップルバージョン）。

SNSについて（Instagram、Twitter、Facebook、マッチングアプリ）

〈ど本命〉……SNSで彼女と繋がる（彼女を知りたい）、マッチングアプリは自分で退会してくれる（アプリの存在自体を忘れて放置もあり）。

〈**本命**〉……SNSで彼女と繋がるが「俺にコメントとかしなくていいから」と命令されることもある、マッチングアプリを退会しろと命令してくる（本人も退会済みではあるが……）。

〈**おクズ様**〉……彼女と繋がりたがらない、またタイムラインで他の女とイチャイチャしたり、グラビアアイドルに気持ち悪いコメントをしていたりする（いいねは除外）、マッチングアプリを退会したフリはするが、再入会して女漁りを続けている。

LINEについて

〈**ど本命**〉……多忙でも合間を縫って向こうからLINEしてくる、多忙で即レスできない環境でも（職場がスマホNG等）1日音信不通なんてあり得ない（彼女とのLINEが彼の息抜き）、面白いことが起きたらすぐ報告してくる、口調が優しい、思いやりがある。

〈**本命**〉……1日数通ちゃんとLINEしてくる、音信不通はない、イライラしてるときは冷たかったりする、「〜しとけよ」などと命令してくることがある。

〈**おクズ様**〉……都合が悪いと平気で音信不通になる（週末のデートをバックれたいなど）、

音信不通の後は「寝てた」「職場にスマホ忘れた」、約束ごととか確認したいことのやり取りがスムーズにできない（既読付かなくてイライラ）、付き合う前に「俺ＬＩＮＥ得意じゃない」と先手を打ってくる、数日ＬＩＮＥが来ないことはザラ！　でもＳＮＳは更新していたり、友達と遊んでいる（他の女にいいねしている）、デートの後数日音信不通になる（性欲溜まったら連絡してくる）。

「ど本命」の男性とお付き合いしているときは、**ＬＩＮＥでストレスを感じることはありません。**忙しいからこそ彼女とのやり取りが息抜きで、何より彼女が誰かに盗られないようにちゃんと連絡をしたくなるものなのです（60代の男性も、20代の草食系の男性も「本気ならそんなところで手を抜かない」と同意見）。**「なんでＬＩＮＥしてくれないの？」「もっとＬＩＮＥしてよ」「ちゃんと既読して！」などのセリフとは無縁なものなのです。**

「本命」の男性は、**彼なりにちゃんと彼女を大切にしています。**ただ何度も言うように「俺が付き合ってあげている」という感覚なので、女性の返信が遅かったりするとキレてきたりすることもあります。やり取りも楽しいというより、**どこか業務連絡チックだったり、何か説教されているような気持ちになることが多いハズです**（嫁候補として、彼女のことを今の

うちに俺様に相応しくシツケようと考えている）。この本の「SNSのメス力」を実戦し、いいなりにはならず、でもしっかりと相手を立ててあげることで「ど本命彼女」になる可能性があります。が、「SNSのメス力」などを始めたときに「お前何考えてるの？」「既読しろよ！」などとキレられることがあるでしょう。それに屈しない強い気持ちが必要です（修行やなぁ）。

「おクズ様」とお付き合いしていると、**何度も何度もLINEやSNS、マッチングアプリなどのことで悩まされ続けることでしょう……**。そして「SNSのメス力」を実戦したときに、「なんだ？　この女、都合よく扱えなくなったな」とあっさりお見切りされる可能性があります。

彼氏のスマホを覗き見している女性たちへ

彼氏のスマホを覗き見するのが習慣化している女性たちへ、お聞きしたい。
その彼氏、何かやらかしたことがあるのですか？
それとも「どうせ男なんて、ほっといたら何しでかすかわかんないし！」と監視しているのですか？ 過去の恋愛がトラウマになり、今の彼氏のスマホも覗き見せずにはいられないのですか？

交際中の貴女。直感が働いて彼氏のスマホを覗き見したら、浮気の証拠がザクザクと出てきてしまったのですか？

例えば、職場の後輩に「今度２人でご飯行こうよ♡」とＬＩＮＥを送っていたり、Twitterでセフレを募集しているようないかがわしい女性に「いつならいいですか？ もう○○ちゃんのこと考えると、俺のマシンガン止まらないよぉ」ときっしょいメッセージを送っていたり（どこがマシンガンや）、元彼女に貴女のことを相談をしていたり（あの頃に戻りたいよ）、削除したハズのマッチングアプリが再インストールされていたり……。

それらを発見してしまったとき、全身から血の気が引いて、カラダの震えが止まらなかったハズです。

どうか、どうか、本書のMISSIONを実戦して「おクズ様」となんとか結婚できないかと目論むのはおやめください。

その「おクズ様」は貴女には相応しくありません。「おクズ様」が泣きながら土下座し、「なんでもします！　許してください」とすがりついてきたとしても許してはいけません。

だって貴女の頭にはこびりついているでしょう？　彼氏のあの浮かれたLINEが。

「は〜！　早く会いたいよ😍」なんて貴女には使わなかった絵文字。「彼女さんに叱られない？（笑）」「俺のこと信用してるから大丈夫（笑）」と浮気相手の女と2人で小馬鹿にしていた文面（こんな男だったの……？）。

仕事中、道を歩いているとき、湯船の中、寝る前。あのLINEが突然頭に浮かんできて、絶望し、怒りで震え、胸は引き裂かれたかのように痛んでいることでしょう。

結局ね、許せないんですよ。信用できないんですよ。信じられない男性との恋愛は地獄でしかありません。地獄の中でお花を探すなんてムリなんですよ。

どうか、どうか、その地獄から、出てください。ペンペン草も生えてやしません！

気がついて欲しい。外の世界でお花が貴女を待っているということを。

そして貴女のことを大切に思う、親きょうだい、友人はジッと貴女を見守っています。

それから、彼氏に怪しいところなんてないのに、スマホを覗き見してしまう貴女。

どうして貴女はそんなことをしてしまうのか？　自分でわかっていますか？

原因は過去の恋愛トラウマや、「男は監視しておかないとやらかすよ～」なんて周囲の助言(？)なんかではありません。

貴女は幸せになるのが怖いのです。人を信用するのが怖いのです。

「信頼して裏切られて傷つくくらいなら、今のうちに粗探ししてやる……」そう思ってしまっているのです。

貴女の敵は彼氏ではありません。彼氏の元彼女でもありません。裏切り者の元彼氏でもありません。「**私なんて幸せになれない！　どうせいつか男に裏切られて捨てられるんだ**」と**思い込んでいる貴女自身です。**

わかりますよ、貴女の気持ちが。かつて私自身がそうだったので……。

スマホを覗き見する自分を変えたいですか？

彼氏が熟睡しているとき、暗い部屋でスマホの画面の青い光に照らされている卑屈な表情の女……。

そんなミジメな自分を変えたいと思いますか？

それには彼氏を疑う以前に、貴女が自分を信じなくてはいけないのです。貴女には自分の人生を変える力がある。たとえ人に裏切られたとしても、立ち上がって前を向く力がある。そして幸せを目の前にしたとき、ぶち壊しにするのではなく、守り抜く覚悟がある。

もしもまた彼氏のスマホに手をかけそうになったら、心の中で唱えること。

「私は幸せになれる女！　絶対になる！」

「おクズ様」をお見切りするのは大切なこと。

「幸せになれないと思い込んでいる自分」をお見切りすることは、もっと大切なこと。

変わろう、貴女自身が。大丈夫、私でもできたんだから。

自分に負けんなよ。

MERI KANZAKI

MESURYOKU SNS

（ ミッション4 ）

MISSION 4

THEME

【番外編】
復縁を申し込ませる

「ど本命復縁」するためにまず守って欲しい、LINEの掟

「もう一度……もう一度……あの人の腕に抱きしめられたい……」

お嬢さん……忘れられない男がいるのかい？

全国の復縁希望の皆様、お待たせです。メス力番長・神崎メリのスパルタ復縁MISSIONへようこそ！「メス力」ではそもそも復縁を推奨していません。が、「メス力」を徹底習得し、復縁からの「ど本命婚」を果たした読者様からのご報告が相次いでいるのは、事実です。

忘れられないその恋。復縁させるためにもう一度賭けてみますか？


ただあらかじめお伝えしておきます。**復縁は焦ると絶対に叶わないもの。腹をドシッと据えて、年単位でMISSIONに取り組む覚悟のない方は、ご辞退くださいませ。**


「でも、その間に彼女ができちゃったら？」「1日でも早く復縁したいんです……」

気持ちはわかります。きっと貴女の頭の中は365日元彼のことでいっぱいでしょう。

夏祭りへ行っても、ハロウィンのカボチャを見ていても、イルミネーションを眺めていて

も、気分転換になることなんてなく、むしろ「どうして今あの人が隣にいないんだろう……」と寂しさが込み上げてくるだけでしょう（いちゃついてるカップルに軽く嫉妬心……）。友人から「聞いて～！　彼にプロポーズされたの～♡」と報告され、幸せそうな顔を見ているとやるせない気持ちになってしまう。「私だってあのまま付き合っていれば、きっと……」。

時間が思いを風化させるどころか、どんどん美化してしまい苦しくなる（涙）。

「メリさん！　早く楽になりたいんです！　それには復縁しかないんです！」

わかっておる！　でも、それでも復縁は焦っちゃアカンのや！　寂しさに負けてなんの策略もなく元彼に「会いたい」なんてＬＩＮＥしちゃゲームオーバーなのや。忘れるために好きでもない男に抱かれてよりミジメになるのもアカンのや（あぁ……私何やっているんだろ……しっかしヘッタクソやなぁこの人……）。

どうしても復縁したいのかい？　それならまず気持ちを強く持ちましょう。

まずはこんなことをしているなら、今すぐにやめることです！

元彼との復縁が叶わなくなる8つの習慣

・元彼のSNSを毎日ネットストーキング（ネトスト）してしまう
・元彼の彼女（ぽい人）のSNSをチェックしてしまう
・思い出の曲を聞きながら泣くのがクセ
・2人のLINEのやり取りを何度も見返してしまう
・元彼とLINEでやり取りしている
・元彼のSNSにいいねしたり、コメントを付けてしまう
・元彼と定期的に遊んでいる
・元彼とセフレ

❖元彼にまとわりついているうちは振り向いてもらえない！

ハッキリとお伝えします。元彼に貴女の存在を感じさせている限り、復縁は叶いません。
いえ、仮に叶ったとしても「今Hできる女いないし、こいつは俺に惚れていて楽だし」みたいな動機だと、他にいい女が現れるやいなや捨てられてしまうことでしょう。

本書で目指す復縁は「ど本命復縁」です。元彼に求められて求められて、**きちんと結婚前提で復縁することです。**そのためには先ほどお伝えした8つの習慣をまずはやめること（喝）。

そして元彼と繋がっている方、貴女から縁を切りましょう！「え？　嘘でしょ⁉　そんなことしたら他の女に盗られちゃう！」。いいえ、ダラダラと繋がっている方がキケンです。なんの努力をせずとも、自分にまとわりついてくる女を男性はわざわざ「ど本命彼女」にはしないものなのです。覚悟はできましたか？　ここからスパルタ復縁MISSIONいきますよ（ついて来い）。

MISSION 元彼に感謝とサヨナラLINEをすべし！

NGバージョンの場合、元彼にすがりついてしまっています。その時点で復縁は難しいでしょう。**復縁を叶えるには、「この子を逃したら、俺後悔するかも」と思わせることなのです。**すがりつくのは、押し売りと同じなのです。相手からすると迷惑でしかないのです（辛口でごめんな……）。

OKバージョンの場合、**感謝の言葉を添えてサヨナラを伝えています**。ここで注意点ですが、2人の思い出や感謝の気持ちなど、**とにかく長文を絶対に送らないでください**。さらりと爽やかにというのが、未練を感じさせないための何よりのポイントです（吹っ切れている感）。

また、今現在彼氏から別れを切り出されそうな方も同じように、自分から感謝とサヨナラを伝えることです。それはすなわち、**すがりつかずに別れを「わかりました😊　今まで本当にありがとうね！」と受け止めるということです**。男性から追われて復縁を叶えた方は、みん

NG すがりついてしまっている

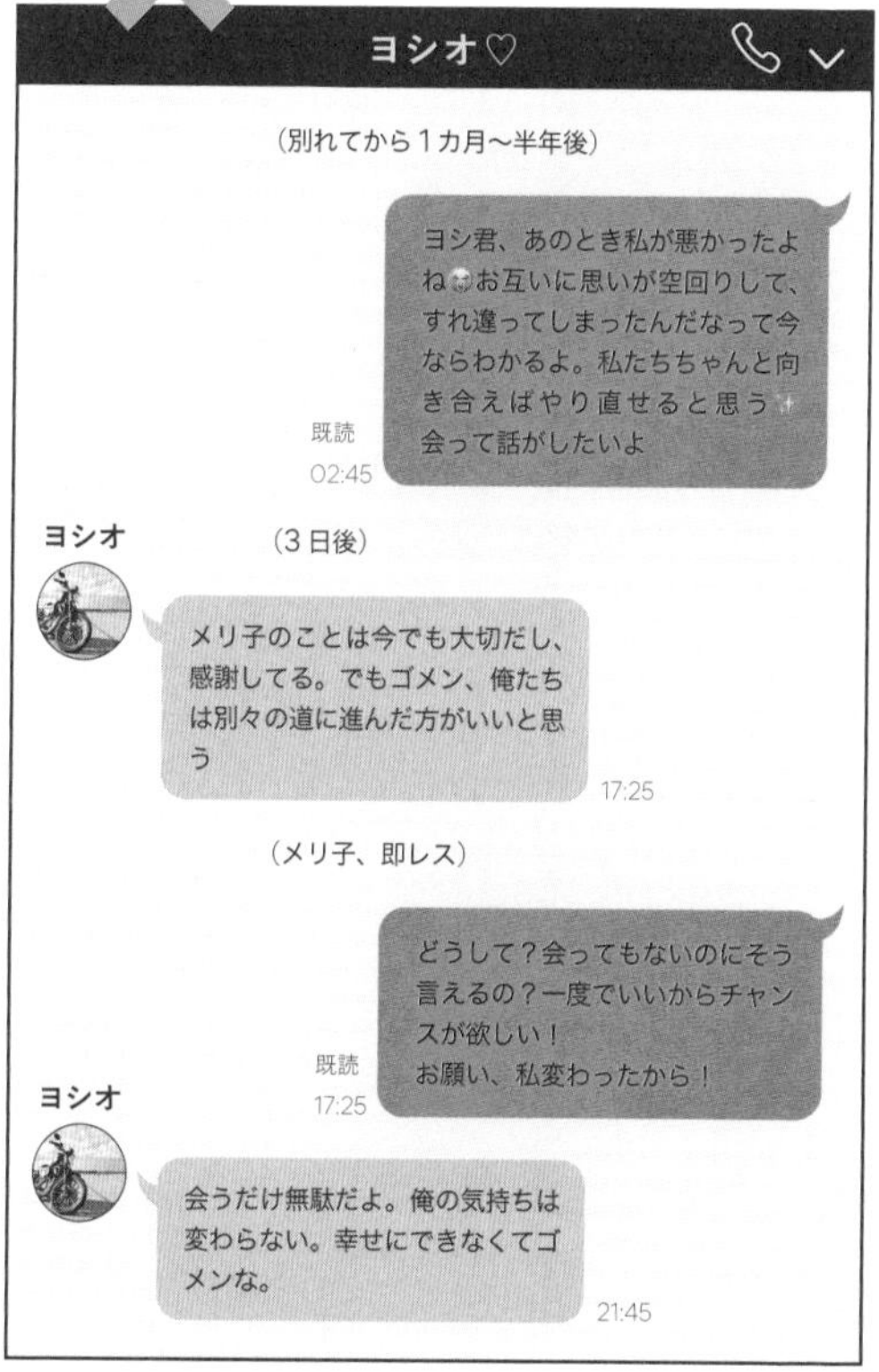
ヨシオ♡
（別れてから1カ月〜半年後）
ヨシ君、あのとき私が悪かったよねお互いに思いが空回りして、すれ違ってしまったんだなって今ならわかるよ。私たちちゃんと向き合えばやり直せると思う会って話がしたいよ
既読
02:45
ヨシオ
（3日後）
メリ子のことは今でも大切だし、感謝してる。でもゴメン、俺たちは別々の道に進んだ方がいいと思う
17:25
（メリ子、即レス）
どうして？会ってもないのにそう言えるの？一度でいいからチャンスが欲しい！お願い、私変わったから！
既読
17:25
ヨシオ
会うだけ無駄だよ。俺の気持ちは変わらない。幸せにできなくてゴメンな。
21:45

OK 明るく感謝して去っていく

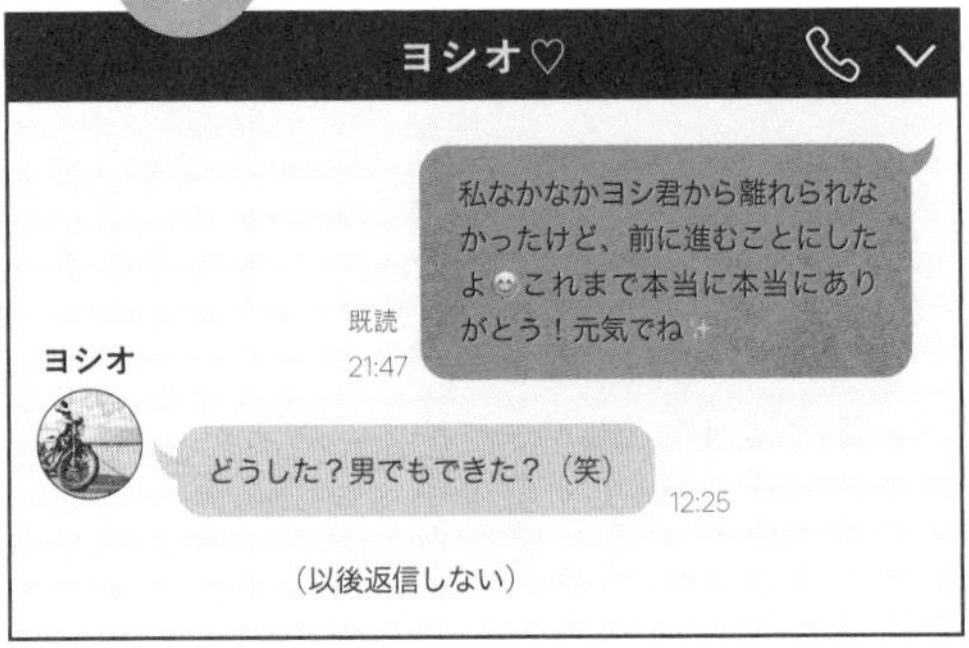
ヨシオ♡
私なかなかヨシ君から離れられなかったけど、前に進むことにしたよ😊これまで本当に本当にありがとう！元気でね✨
既読
21:47
ヨシオ
どうした？男でもできた？（笑）
12:25
（以後返信しない）

なこの「メス力」をしっかりと守っています。

爽やかに感謝とサヨナラＬＩＮＥをしたとしても、すぐに元彼から復縁を申し込まれることはあまりないでしょう（男性とは気がつくのが遅いものなのです）。１カ月、２カ月、３カ月、半年と経ったときに、このＭＩＳＳＩＯＮはボディーブローのようにジワジワと効いてくるのです。「全然いい女いね〜な〜！　自分勝手で重い女ばっか！」「……さみしいな」。**こういうときにあの短文がポッと頭に浮かぶのです**（だから焦りは厳禁やで）。

MISSION まとめ COMPLETE

- 元彼にまとわりついたり、すがりつくと復縁は叶わない（最悪セフレ化）
- 貴女から爽やかかつ短文にて、感謝とサヨナラを告げ、以後音信不通になるべし！

復縁を申し込みたくなる女に見せるSNS

元彼にフラれてしまった貴女も、元彼とダラダラ繋がっている貴女も、スパルタ復縁MISSIONは実戦してくださったでしょうか？　立つ鳥跡を濁さずのごとく、爽やかに羽ばたいた後は、**元彼に貴女のことをアレしてもらうMISSIONに移ります。**

思い返してください。

貴女がなぜ元彼への気持ちに踏ん切りを付けられず、苦しんでいるか。それは少なからず元彼のことを**美化しているからではありませんか？**

そう、「ど本命復縁」を果たすためには、貴女のことをキラッキラに美化させる必要があります（その下準備としての感謝とサヨナラLINEです！）。

きっと今現在も貴女は「元彼と復縁できるかな……」「今頃他の女と……（18禁）。はぁぁぁっ！　おかしくなりそう！」と不安や被害妄想を膨らませていることでしょう。その悶々とする時間を、SNSを復縁仕様に変える戦略タイムに充てることで、ネガティブな感情を頭の中から追い出してしまいましょう。

復縁ＭＩＳＳＩＯＮを成功させるキーワードは「もう一度恋に落としてやんぜ♡」です。貴女は復縁してもらうのではありません。秘密裏に元彼のハートを撃ち、〝復縁を申し込ませる〟。コレがＭＩＳＳＩＯＮなのです。

さぁ、涙は拭いて、思い出の曲は復縁まで再生禁止！　テンションの上がる曲をかけ、「私にはできる！」と自分を奮い立たせてください！

ＭＩＳＳＩＯＮの前に、まずは復縁が遠のくＳＮＳの使い方をしていないかを確認しましょう。

男が「別れてよかった！」と感じるダメなＳＮＳ

- 「私たち別れました」とタイムラインに投稿する
- 元彼の悪口を書き散らす
- 元彼の友人（家族）にバンバンコメントやいいねをする（こちらから関わらないこと！）
- 彼の周囲の人間に「飲み会しませんか？」とＤＭを送って彼を誘わせるように仕向ける
- 「最近辛いことが多くて」的なネガティブな投稿をする
- 「死にたい」「消えてしまいたい」「生きていく意味を失った」などと投稿する
- ヤキモチ焼かせたくて、他の男性がいる匂わせをする（しかも嘘）

・「私が変われば運命の歯車は噛み合ったのかな」とポエムで未練を匂わす

❖SNSで「俺の話」をする元彼女を男性はうとましく感じる！

これらをやられたとき、男性は「やべ～！　あの子マジめんっどくっさ（汗）」とドン引きします。SNSをアンフォローし合っていても、共通の友人から「あの子のインスタ見たよ！　2人なんかあったの？（野次馬根性ヒヒンヒヒン）」とLINEが来てウンザリします（はぁ？　あの女マジ何を投稿してんだよ！）。

SNSで貴女が元彼へアピールすればするほど、復縁の可能性は消えていくのでくれぐれも気をつけてください（すでにしちゃった人は二度としないこと！）。

最初にお伝えしたように、大切なのは貴女のことを「美化」させることです。人間はどんなときに美化モードに突入するのでしょうか？

おそらく手に入らなかったモノや、手放したモノについて、「やっぱりアレには価値があった！」と後悔したときにです。このときにその対象（人）がキラキラして見えるモノなのです。

もうすでに復縁MISSIONを実戦して、「あいつ、なんだかんだいい女だったなぁ（トオイメ）」と印象付けています。

ここからは、男性が恋するために必要な視覚に訴えかけていきましょう！

MISSION

すべてのアイコンを〝彼好みの女〟に変えるべし！

【重要】復縁を叶えるために、自分のＳＮＳを「復縁仕様」として割り切って運営してください！

❶ **まずは、アイコンを変えましょう。**彼がどんなヘアメイクが好みなのか？　どんなファッションが好きなのか？　貴女はなんとなく知っていると思います。

ですが多くの女性はお付き合いが長くなるうちに、彼好みより、自分好みや「楽」を優先して、見た目の雰囲気がゆるんできてしまうものなのですよね。

ここいらで、「お！」と視覚で思わせるために、しっかりとアイコンを元彼のハートを撃つ仕様に作り込んでいきましょう。**自然な笑顔の写真を撮り（美化させるために爽やかな雰囲気を意識して！）、アイコンを一斉に変えてしまうのです。**

貴女のアイコンを見た元彼は「やっぱりかわいいな」と思うかもしれません。

PREMISSION
MISSION1
MISSION2
MISSION3
MISSION4
MISSION5

❷ **次に投稿です。復縁したいという願いがあるのであれば、滅多なことでは投稿しないと決めてください！ 自分の情報を漏らさないことでミステリアスな雰囲気をまとうのです。**

元彼というイキモノは、自分は元彼女のことをなんでも知っていると勘違いしています（もう征服しきったもんね～♪）。

こういう風に思われているうちは、元彼は貴女のことを美化しないモノなのですよね。

❸ **最後は投稿する内容です。「今日もいい天気だったな♪」「最近仕事が楽しくなってきた」「今日はゆっくりリフレッシュしよう！」的な短文かつ、私生活がよく見えず、それでいて前向きなモノだけに絞るのです。**ネガティブな投稿や長文などは「そうそう面倒くさい子だった！ 別れてよかった」と思われるだけですよ。

投稿に写真を付けるのであれば、別のＭＩＳＳＩＯＮでもお伝えしたような、**花・空・海系の自然モノ、または自然な笑顔でかわいく撮れたモノだけにしてください！**

それでも、月に何度も何度も自撮りの写真を載せていると、ミステリアス感が薄れ、美化されません。**自撮りの投稿は２カ月に１回までと決めてしまいましょう。**

Instagramなどのストーリー機能でのリアルタイムの投稿も避けましょう。ストーリーだけチラ見して満足する元彼のケースを多々知っています（写真で満足させちゃアカンのや）。

「お互いフォロー外しちゃって、どうしたらいいですか？」

「LINEは繋がってますけど、他のSNS切っちゃいました……」

それならそのままでいいのです。アイコンを変えるだけで充分でしょう。

なにせ元彼と共通の知人や友人がいる場合、誰かしらが「最近あの子楽しそうだね」「なんか綺麗になってたよ」など密告してくれるものですから（野次馬・密告者の習性を逆手に取って「いい女になってたよ！」と伝えさせるべし）。

ここまでしても元彼からすぐに連絡が来るとは限りません。

でも一番最初にお伝えしましたよね。復縁はじっくりと時間をかけることが大切だと。

爽やかにLINEで感謝とサヨナラを告げ、SNSも新装開店し（実は復縁用のトラップ）、後はじっくりと待つのみです。

きっと彼は他の女性とデートしたりすることでしょう。お付き合いする女性もいるかもしれません。それでも待つのです。「やっぱりあいつがいいな」と彼の方から寄ってくるのを待つしかないのですよ。

復縁を成功させるには、別れている期間は「かわいい子には旅をさせろ」くらいの心持ちでいることです（修行なんですわ）。

「どうぞ、どうぞ、他の女も見てきなさい。でも気がつくでしょうね。私以上の女はいないって（ほほえみ）」これくらいドシッと構えていましょう！

不思議なものでコンタクトを取っていなくても、女性が執着を手放し、余裕が出てくると男性は寄ってくるモノなのです（新しい彼氏ができると元彼からなぜか連絡が来たりね！）。

貴女自身も他の男性とデートしたり、婚活したりと、「メス力」を磨く機会をどんどん作ってくださいね（そっちに恋したらそれはそれでヨシ）。

MISSION まとめ COMPLETE

■ アイコンは元彼が惚れそうな女仕様にして、視覚でハートを撃つべし！

■ 投稿は基本復縁するまでほとんどしないと決めて！
その上で爽やかさを醸し出すべし！

ついに彼からLINEが！「ど本命復縁」に繋がるレスをすべきなのか？

「わ！　わわわわ！　来た！　来たよメリさん！　元彼からLINEがぁ〜（泣）」

「半年待った！　半年待った！　私半年待ったよぉぉぉ〜（泣）」

静まれ〜い！　慌ててはならぬッ（喝）。いいですか？　元彼からの「元気？」やら「久々に飯行こうぜ」やらにいちいち舞い上がっていたら、「ど本命復縁」への道がどんどん遠ざかってゆくのです！

私は「メス力」戦術家として、あくまで貴女に「ど本命婚」をしていただきたいというスタンスです。**なぜならそれこそが男のハートのど真ん中を撃ち抜くということだからです**（恋の致命傷や！）。

元彼からのLINEに即レスする前に、どうか落ち着いて読んでください。

貴女は元彼とうまくいかなくなり、別れという道を選ばざるを得なかった。「もう二度と会うことも叶わないかもしれない」「他の女とチョメチョメしてるかもしれない」という不安に毎晩毎晩、苦しんできた。SNSでストレス発散しようにも、メス力の人（私や！）の本で、「基本、更新しない！」「自分のことを発信しない！」と活を入れられ、それを守ってきた。

即レスしてしまったら。それらはすべて水の泡……！

なんのためにこの数カ月、涙を流してきたの？　胸が押し潰されそうな感覚を堪えて、なんでもない顔で職場や学校に通ってきたの？　大切な友達の結婚式。素直におめでとうとは思えない自分に罪悪感とミジメさを感じてきたの……？

即レスしてしまったら、元彼は「あぁやっぱりこいつは俺にまだ惚れているな」と勝手に安心して、また放置&音信不通の辛い日々に逆戻り……。それか、愚痴を吐ける女扱いされたり（スッキリしたら他の女の前でカッコつける〜）、セフレ道に転落か（友人以下やで？セフレって）。

お嬢さんよ。それでええのか？　もうひと頑張りできないか？

どうかスマホはそっと机に伏せて置いて。そのまま深呼吸し、ドキドキが少し収まったら、スパルタ復縁MISSION・最終章へ向かおうじゃないか。

まずは、元彼からLINEが来た後、やってはいけないことをバンバン紹介していきましょう。「1個くらい破っても大丈夫」なんて気のゆるみはあきませんよ！「ど本命復縁」を叶えるために徹底的に守るべし（メス力ふんどし、きゅっと締めや）！

元彼からLINEが来た後、絶対にやってはいけないこと！

LINE編（DM等含む）

・即レス
・「わ〜♡　超久しぶりだね〜♡　ヨシ君元気にしてた？」とテンション高いレス
・「もう二度とLINEくれないかと思ってたよ（涙）」と待ち焦がれ感ダダ漏れなレス
・「珍しいじゃん。女と別れたの？」と突っかかるレス
・2行以上の文（どんな内容でも！）
・「今更よく連絡してきたね（笑）」と突っかかるレス
・「元気だよ〜！　あれから私転職して〜」と聞かれてないのに近況報告

行動編

・「今から会える？」に秒速でシャワーを浴び、毛を剃り上げて、メイクをし駆けつける（香

水バシャバシャ）

・「今から会える？」に「明日ならいいよ」と直近日でOKする（下着慌てて新調）
・「今から家に行っていい？」に即OKし、人生最大の集中力で掃除をする
・「今から家来ない？」に全速力で駆けつける
・ハッキリと「付き合ってください」と言われていないのにHする
・再会したときに感極まって泣く
・再会したときに「私あのときこう思ってたんだからね」「あのときの本心聞かせて」と昔の話を蒸し返す
・「彼女とかいるの？（笑）」と聞く

❖未練があることをほんの1ミリでも悟られたらゲームオーバー

想像してみてください。元彼が貴女にLINEした動機を。

本当に何気なくしてみただけかもしれません。または、「とりあえずアイツはまだ俺のこと好きだろうし、Hさせてくんないかな～（笑）」なんて「おクズ様」モードも考えられるでしょう。そして、貴女のことが恋しくて連絡してきたパターンもありうるのです。

しかしすべてのパターンに言えることですが、女性側が少しでもガッついた態度を見せて

しまうと、ゲームオーバーです！

先ほど紹介した、やってはいけないこと（LINEと行動）。これらをやってしまうと男性は「やっぱりこの子、俺のこと好きやんけ」と感じてしまいます。

何気なくLINEしただけの元彼は「うわっ！　重っ」と一目散に逃げていきます。「おクズ様」は、「シメシメ……セフレにできそうじゃん」とほくそ笑みます。貴女のことが恋しくて連絡してきた元彼は、「……なんか俺、美化しちゃってた？」「昔と変わらないな〜この子……」と**貴女を美化する気持ちがスーッと冷めてしまうのです（アワアワ水の泡や〜）**。

なので、元彼にレスする前に、このページを何度も何度も何度でも！　読み返してください（気合じゃ〜）。

MISSION 男友達感覚で接して、警戒心を解き復縁におびき寄せるべし！

NGバージョンでは、ガッつきすぎています。これでは男性から「より戻したいって言われたら面倒くさいなぁ」と警戒される上に、数回のＬＩＮＥだけで、お腹いっぱいにさせてしまい、その後連絡がつかなくなってしまう可能性があるのです。「また連絡するわ」とＬＩＮＥを打ち切られ、以後音信不通のアレですよ（もうこちらがＬＩＮＥしても既読スルーされるのや）。

ＯＫバージョンでは、男性は肩透かしを食います。「あれ？　俺様に惚れてたんちゃうんけ？」と不思議に思います。この時点で「復縁迫られそう」とはまったく感じないので、警戒することなくこちらにジワジワと近づいてきます。たまに元彼からＬＩＮＥしてきたりという関係になることでしょう。ただこの時点ではまだ貴女への好意は膨らみきっていません（焦るな！）！

重要なことをお伝えします。復縁に関しては基本的に女性からＬＩＮＥをしてはいけません。

元彼からＬＩＮＥが来たときの対応については、ＭＩＳＳＩＯＮ１の「男友達扱いすべし（Ｐ49）」を参考にしてください。**明るく、爽やかに、短文で感じよくは鉄則です（冗談、ボケには乗ってあげて！）。**

NG 未練がダダ漏れしすぎている

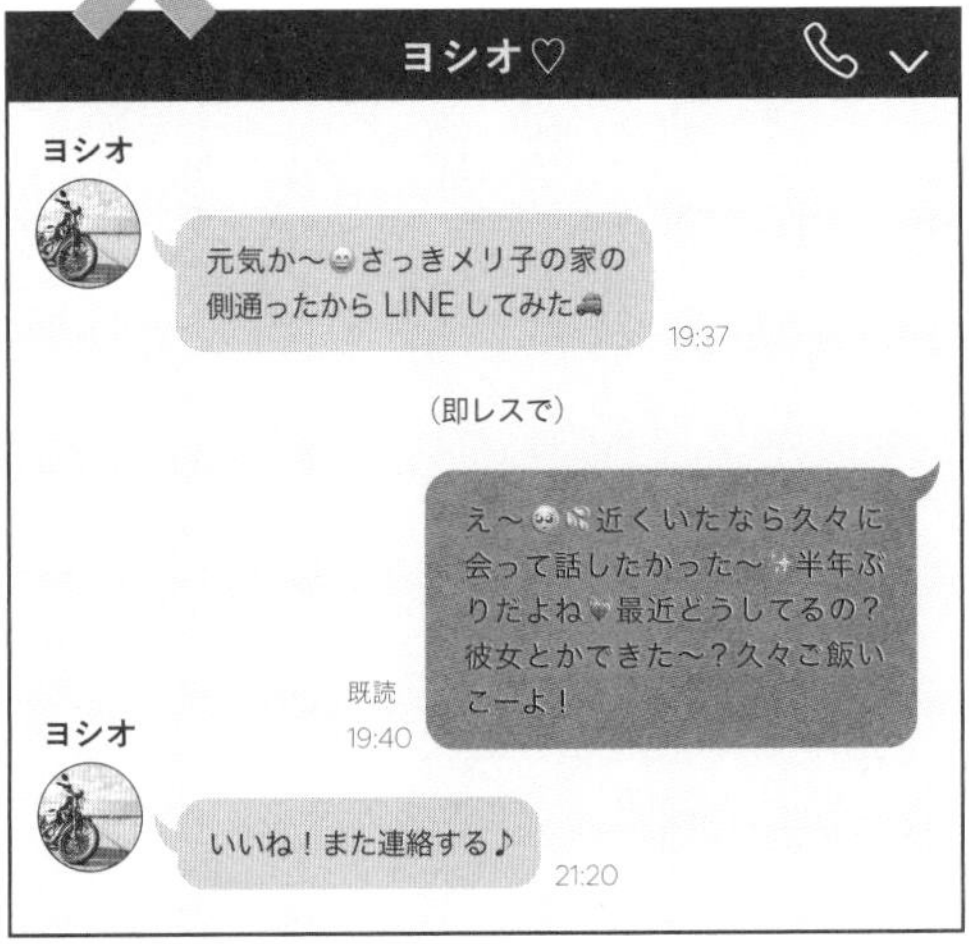
ヨシオ♡
ヨシオ
元気か〜😀さっきメリ子の家の側通ったからLINEしてみた🚗
19:37
(即レスで)
え〜😮✨近くいたなら久々に会って話したかった〜✨半年ぶりだよね♥最近どうしてるの？彼女とかできた〜？久々ご飯いこーよ！
既読
19:40
ヨシオ
いいね！また連絡する♪
21:20

OK 元彼のことを忘れたかのようにフラットに接している

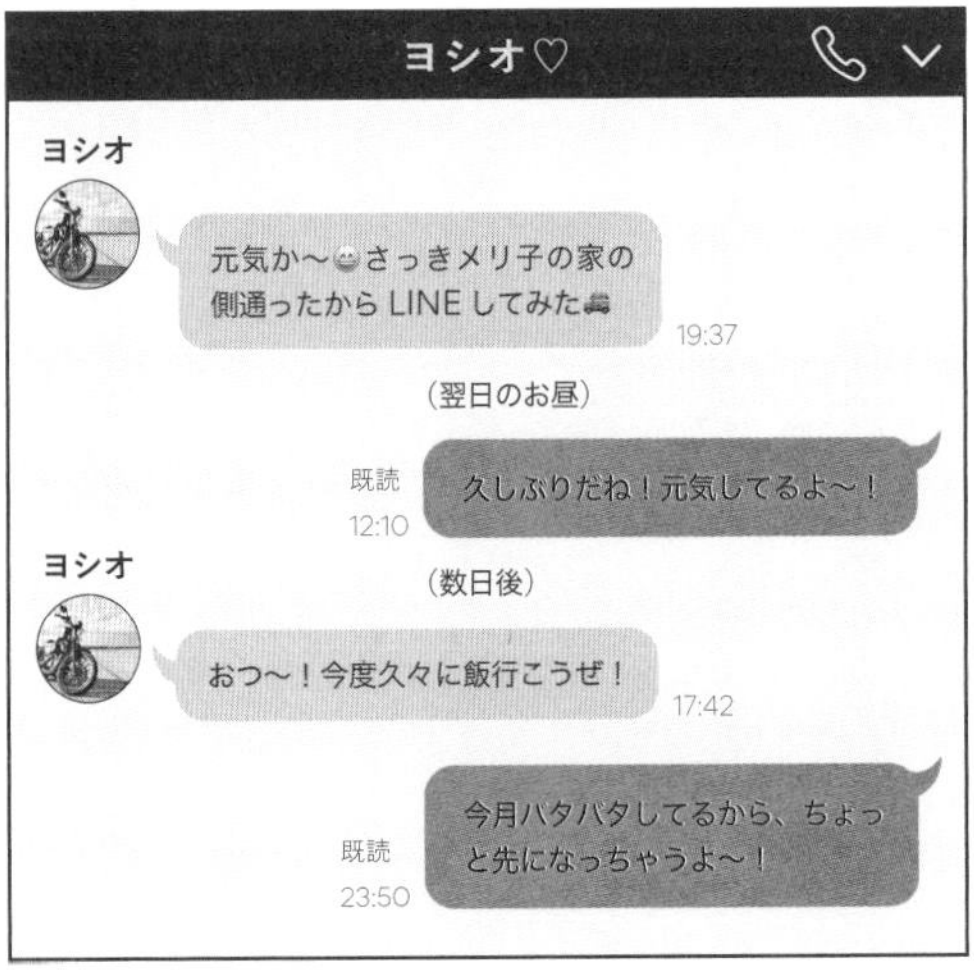
ヨシオ♡
ヨシオ
元気か〜😀さっきメリ子の家の側通ったからLINEしてみた🚗
19:37
(翌日のお昼)
既読
12:10
久しぶりだね！元気してるよ〜！
ヨシオ
(数日後)
おつ〜！今度久々に飯行こうぜ！
17:42
既読
23:50
今月バタバタしてるから、ちょっと先になっちゃうよ〜！

❖ デートは元彼女ではなく、「新しい私」お披露目会

チョコチョコとやり取りをしているうちに、「なんか前と感じが変わったな（美化）」「前は恋愛恋愛で思いつめてる感じだったけど、今は楽だし、楽しいな（美化）」と元彼は貴女に会いたい気持ちが募っていくことでしょう。**デートに誘われたら「今日でも明日でも！」とガッつかず、「来週なら○日、再来週なら○日」と冷静に伝えて、元彼に合わせてもらいましょう。**

そしてデートでは徹底して元彼女感を排除すること！
彼とはまったく別の男性とのデートだと心を入れ替えて、挑んでください。

あの頃、2人の間では鉄板だったネタを持ち出したり、「ヨシ君これ好物だよね！」など、貴方を理解していますす感は封印しましょう。自分から過去の思い出話をしてみたりも禁止です（これぞ元彼女感です）！　**その場を肩の力を抜いて楽しみましょう**（ちょっと辛口な冗談も媚び感がなく、元彼にはいい刺激になります。嫌われたくない怖い！　という気持ちを乗り越えて！）。

しかし貴女が元彼女感を消している一方で、男性は「俺とお前はもう知った仲じゃん

（笑）」的な雰囲気を出して、こちらの反応を窺ってきます。**これは別に貴女のことが好きというワケではなく、貴女が自分に好意があるのかを確認し、ちょっとしたチヤホヤ感をチャージしたいだけなのです。**

それにいちいち乗っからないこと！

逆に「はいはい、私のこと好きなのね（笑）。まぁしょうがない、あれからいい女になったもんね（笑）」感を出して、あしらうことが超重要です。

「俺のこと好きっしょ？」感を出されたら、「ふふふ」「はいはい（笑）」「ポジティブだね～（笑）」と笑って聞き流しましょう。

「チクショウ！　あんなに自分に夢中だった女が、余裕があるいい女になってる……」

こうなると、男性は自然と「もう一度落としてやりたい！」と追いかけモードになります。

デートの後は、MISSION2「デート解散後のLINE（P78）」を参考にし、距離感を詰めすぎないようにしましょう。

❖ 告白されたときの返しで「ど本命復縁」が決まる！

仮にLINEで告白された場合、「そういう話LINEでされても……」と一度は断ってください。本気なら何度でもLINEしてきます。なんとかして誠意を伝えようとします。

また元彼が泥酔して「ヲレさーやりなおしたふいだおね（酔）」と言ってきたときも同様に、「素面で話してくれる？（笑）」と受け付けなくて大丈夫です。

本書に限らず、他の著書でもお伝えしている「メス力」なのですが、男性に告白されたときこそ、貴女の希望を叶えるチャンスです。

なぜならそれは男性の狩猟本能が一番燃えている瞬間。女性側から「○○じゃなきゃイヤ」と言われるほど、「何クソ！　そんなハードル簡単に乗り越えてみせますわ！」と本能全開になるものなのですよね。

貴女の望みはなんですか？　ただ復縁して、ダラダラと何年も過ごすことですか？　彼の側にいられるのならそれでもいい？

そんな程度の気持ちで復縁するだなんて、彼に対しても失礼なことなのだと気がついてください！　男性からすると「どうせ貴方は私を幸せにできない男なんだし……」こんな風に男としての力を安く見積もられたも同然なのですよ。

それから変に「またフラれたら怖いし……あんま信じないでおこう」なんてどこかで保険をかけないでください。

「色々あったけど、貴方は私を幸せにできるだけの男」。こう、貴女が真っ直ぐに信じ抜く

のです（口には出さずにね）。

ここまでやって、ダメだったら、どんな結果であろうと自分の気持ちにケリをつけられます。変に萎縮したり、保険をかけた挙句、またフラれたら「もっと恋愛楽しめばよかった」と後悔するのですから。

その決意を込めて復縁を申し込まれたらハッキリとこう言いましょう。「**結婚前提じゃないならよりは戻さないよ**」「**2年も3年も、私待たないよ？**」

「こんなにハッキリ自分の意見言える女だったっけ？」そう痺《しび》れさせ、彼のハートのど真ん中をズドンと撃ち抜くのです（スパルタ復縁MISSION完了）。

MISSION まとめ COMPLETE

- **LINEが来ても即レス禁止！ 男友達扱いを徹底実戦するべし**
- **「嫌われるのが怖い」を乗り越え、冗談を言い、笑い、条件を突きつけよ！**

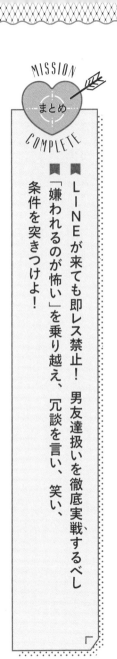

WARNING!!

このSNSは安全ではない可能性があります OFF

こんなおクズ様はお見切りして！

元彼女を利用しようとする「おクズ様」を見極めよ！

どんなに貴女に未練があったとしても、世の中には復縁を願う価値すらない「おクズ様」が存在するのだぜ……。

「元彼からLINEきたぁ♡」と喜んでいる貴女には大変申し訳ないのですが、元彼からのLINEの内容を翻訳してお伝えしていきます……。人間って不思議なモノでして、友人が「おクズ様」に引っかかっているときは至極冷静に、「いやいや、その発言完全にカラダ目的っしょ？」と気がつけるモノなのですが、いざ自分ごとになると「え〜？　これってどういう意味だろう？　復縁したいのかなぁ♡」と突然お花畑解釈してしまうのですよね……。

貴女にLINEしてきたその元彼の本音、受け止める覚悟はありますか？　利用されて、2年も3年も無駄にしないために、恋心フィルタを外して現実を直視していきましょう。

❶ 今から系おクズ様　「今から会えない？」「今から家行っていい？」「今〇〇で飲んでるから

おいでよ」「今から俺んち来る？」

↓直訳（あ〜、なんかムラムラしてきたｗ 今すぐ呼び出してＨできる女いね〜かな？ あ、そうだ！ あの女絶対まだ俺のこと好きっしょｗ ＬＩＮＥしてみよ〜）

↓対処法（スルー、またはひとこと「ムリ」で打ち切る、復縁の可能性０！ 相手はカラダ目的で、完璧に貴女のことを見下しています……）

❷愚痴系おクズ様「聞いてくれよ、仕事でこんなことがあって〜」など、ＬＩＮＥや電話でダラダラ愚痴を言ってくる。

↓直訳（狙ってる女にはダサいところ見せられないけど、こいつにはカッコつける必要ないし愚痴吐きやすいんだよね！ あ〜スッキリした！ レイ子ちゃんデートに誘ってみよっかな♪）

↓対処法（ＬＩＮＥはスルー、または「大変だね」で打ち切る、元彼にとって家族化していて、恋心０状態なので復縁は結構厳しい）

❸直球系おクズ様「久々にＨしようよ♡」「俺との◯◯が忘れられないだろ」「そろそろお前も疼いてんだろ」

⬇**直訳**（もう、いちいち食事誘ったり、遠回しに誘うのもダルいぜ！　Hさせろや！）

⬇**対処法**（**ブロック。こういうLINEする男に限ってHの内容もお粗末という声が届いていますが、皆様いかがでしょうか**）

❹飲み会系おクズ様「飲み会しようよ」「誰か友達連れてきてよ」

⬇**直訳**（女紹介してくんね？　出会いないし、君の人脈ちょっといただいちゃおうかな〜）

⬇**対処法**（**スルー、「みんな彼氏いるからムリ」と断る、そこで2人で会う話にならなければ、脈なし**）

シンプルに「元気？」というLINEに関しては、「おクズ様」なのか、復縁の可能性があるのかはわかりません。復縁MISSIONを参考にLINEのやり取りをし、❶〜❹のようなボロが出ないか、観察してくださいね。

MERI KANZAKI

MESURYOKU SNS

（ ミッション5 ）

MISSION 5

THEME

「ど本命婚」を永遠にする

夫婦円満でいるために、まずは貴女のＬＩＮＥから変えてみる

いや〜不思議なもので、カップルだったときはあんなに「え〜？　彼氏に『愛してる』とか、ガンガン送ったり、毎回即レスしちゃダメなの？　寂しい〜」「なんかそういうのって駆け引きっぽくてよくないよ！」なんて言っていた女性でも、入籍した途端、憑《つ》き物が落ちたかのように夫とのＬＩＮＥの内容に対して関心がなくなるものです（笑）。

しかし「女とコソコソＬＩＮＥしてないかな？」的なお悩みは独身時代と変わらず継続していたりして、もはや独身でも既婚でも私たちってＬＩＮＥなどのＳＮＳに支配されているんだなぁと感じたりもします。

これは裏を返せば夫とのＬＩＮＥのやり取りにはすっかり気配りしなくなっているのに、浮気の心配だけはしてピリピリしちゃっているということ。

この流れって夫婦にとってあまりよくないことなのです。

夫婦になったからこそ、油断は禁物です。

たとえ「ど本命婚」をした夫婦であったとしても、私たち女性が「ど本命クラッシャー」し続けてしまえば、関係は脆《もろ》くも崩れさってしまうかもしれないのです。

男性は私たち女性が思うほどメンタル強くありません。妻から攻撃され続けると、自分の殻に閉じこもり、無言・無反応を貫き、家族に対して一切の関心を示さなくなります。また は、お付き合いしているときはあんなに優しかったはずなのに、「俺って大切にされていないな」と感じてしまうと、妻に対して冷酷スイッチが入ってしまうこともあるのです（どおっでもいい相談女にフラフラしちゃったりな〜！）。

貴女の夫が根っからの「おクズ様」でない限り、すべては貴女しだいと覚悟した方が建設的。

貴女が知恵（メス力）を使ってどう家庭を運営するかに懸かっています。

「え〜？　でも夫だって成人した男性ですよ？　そこまで女がお膳立てしないとダメなんですか？」となんの考えもなく、感情的にふるまって関係を破綻させてしまうのか？

「なるほどね、こういう知恵（メス力）をちょっと使っていけば円満ってワケね」と気軽に「メスカ」にトライしてみるかで、家庭という船の行き先は大きく変わっていきます。

その船には貴女も夫も、そして人によってはお子さんも乗っていることだと思います。難破船にさせてしまう前に、「メス力」を実践して欲しいのですよね。**だってその力が私たち女性にはあるのですから……！**

円満な関係のために最初は小さいことからチャレンジしていきましょう。

まずは今現在、夫へのＬＩＮＥがこんな風になってしまっていないか？　をチェックしてみてください！

夫の気持ちが離れる鬼妻ＬＩＮＥ（ど本命クラッシャー）

・「は？」「何？」と夫へのレスが冷たい
・夫からの質問は既読スルー（帰宅してから話せばいいし）
・イライラしたら「昨日の発言何？　許せないんだけど」と長文で暴言
・基本未読スルー。「ＬＩＮＥ読んだ？」「ごめ～ん、友達といたから見てない」が頻繁
・「仕事で遅くなる」には「本当に仕事だといいんですけどね」とイヤミを言う
・ＬＩＮＥは「帰りに○○買ってきて」とお使いを命令する専用
・「返信が遅いんだけど！」とキレる

❖ まずはＬＩＮＥだけでも夫を褒めてみる

これはアカンやつですわ……。でもついイヤミや暴言を送ってしまうことがクセになっている方も多いのではないかと思います。

貴女が夫にイライラする原因を掘り下げてみてください。「家事に協力的じゃない」「ワンオペでこっちは大変」「自分ばっか飲み歩いて」など、「私のこと大切にしていないよね？」という不安や苛立ちが原因だと気がつけるハズです（大切にされていないと人間は寛容さが消えてしまうのな）。

【重要】夫から大切にされたいなら、夫を先に大切にする必要があります。夫の気持ちを満たして、自然と貴女に優しくしたいと感じさせることが必要なのです。

しかし、女性が思う「私は夫を充分大切にしているわ」という感覚と、実際に男性が「俺は大切にされている」と思う感覚とでは違いがあるのです（男女のすれ違いの原因やで）。

女性はこんな風に大切にしているつもりです。

「忙しい夫のために、家事は完璧にしてるよ」「毎日サラサラのシーツで寝かしてあげるようにしてるの」「どんなに遅くても夕飯は付き合うよ」「共働きで大変だけど、ほとんど家事育児やってるよ」

だからこそ見返りとして、女性はもっといたわりの言葉をかけて欲しい、ロマンティックな2人の時間を作って欲しい、家事や育児に手を貸して欲しいと願います（女性が大切にされていると感じること）。

一方、男性はこれで妻を大切にしているつもりです。

「真面目に働いて家庭に給料入れてます」「浮気もしないで毎日、職場と家の往復ですよ、男の人生、働き蟻《アリ》（とほほ）」

男性にとって、結婚し給料を差し出すことは「俺100％大切にしてるし！」という感覚なのです。なので妻から「毎日お仕事ご苦労様♡」「貴方の頑張りのおかげで、私も子どもも幸せだわ」と感謝の言葉が欲しいのですよね。

感謝の言葉という愛情を伝えていくと、男性は心が満たされます。しかし何年も険悪で心がささくれだってしまっている男性は、半年くらい時間がかかるかもしれません（急に褒めてきて！　裏あんじゃね？）。

時間がかかっても心が満たされると、妻に対して「優しくしたい」「守ってあげたい」「もっと（生活や家事育児で）楽させてあげたい！」という感情がムクムクと芽生えていくのですよね（お互いが幸せ♡）。

この円満ループになるためには、**女性側が覚悟を決めて、夫の一級褒め師になる必要があるのです（貴方のいいところは私が世界一知っちょるけん！）。**

しかし、いきなり夫に感謝の言葉を伝えろと言われたところで「正直、まだ夫へのムカつく気持ちが消化しきれてないんでムリです」「え〜！　恥ずかしくて」という方も多いと思います。なので、まずはＬＩＮＥの内容から変えていきましょう！

MISSION

ＬＩＮＥは即レス×感謝で夫の心をつかみ続けるべし

ＮＧバージョンの気持ちもわかるんですよね。夫に喜んで欲しくて、面倒な揚げ物を頑張って……。でも残業している相手に怒りをぶつけてしまうのは、思いやりに欠けてしまっています。夫だってさっさと帰りたかったかもしれないのに、家庭に帰る足取りが重くなってしまうのですよね……(はぁ、家には俺の居場所がないぜ)。

ＯＫバージョンでは、さっと気持ちを切り替えて、夫に感謝の言葉とエールを送って、最後は前向きに締めくくっています。**キレたりふてくされるよりも、夫婦円満を優先する方が、長い目で見て幸せになれると気がついているのです。**

こういった返信をされた方が「早く帰りたいな……」「悪かったなぁ」と男性は感じるものです。そして励ましを受けて、ますます仕事を頑張ることでしょう。**何かにつけて「ありがとう」と言えるチャンスはないか？返信するときは常に考えてください。**

「未婚メス力」では、女性は男性に追われる対象であ

NG 相手を責めたてる
ヨシオ♡
ヨシオ
すまん、急な残業でちょっと遅くなる。先ご飯食べて。
19:50
今日は結婚記念日ですが。貴方の好物のカキフライ作ったんだけど。時間無駄にしたわ。
既読
19:59

るために、(結婚という目的に向けて)即レス基本禁止だったのに対し、「既婚メス力」では追われる立場ではなくなっています。

妻は夫からするとハンティングする対象(エモノ)ではないのです。**妻には俺様の人生のパートナー(絶対的なミカタ)であることを望みます(エモノより上なのですよ!)**。

なので、妻が夫からのLINEを既読スルーや未読スルーすることが当たり前になると、「俺のミカタ違うん? 家族のために仕事してすべてを捧げているのに」と心が折れてしまうのです。

ちなみに、入籍前から既婚メス力をすると、男性は「まだ入籍しなくてもいいや! だって結婚って形で人生捧げなくても、俺と一緒にいるんでしょ?」と入籍を先延ばしにしてしまうので要注意(同棲している

OK 相手をいたわる

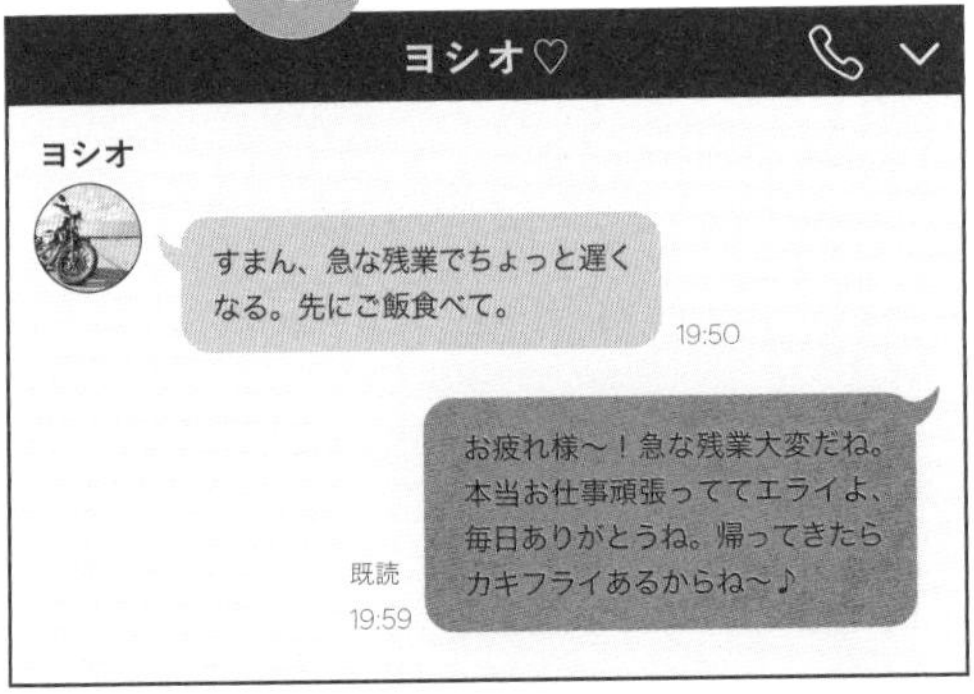
ヨシオ♡
ヨシオ
すまん、急な残業でちょっと遅くなる。先にご飯食べて。
19:50
お疲れ様～!急な残業大変だね。本当お仕事頑張っててエライよ、毎日ありがとうね。帰ってきたらカキフライあるからね～♪
既読
19:59

場合、解消が一番の結婚への近道)。
たかが紙切れ1枚。でも女性が想像する以上に男性にとって入籍って重いものなのです。

MISSION まとめ COMPLETE

- 即レス×感謝で夫の最強のミカタになる！
- 結婚すると夫とのＬＩＮＥが雑になりがち。入籍前の初々しさを持ち続けよ！

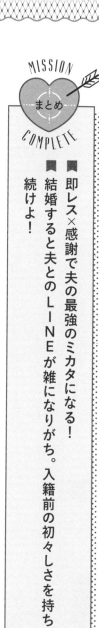

夫婦間のSNS、地雷は一体どこにあるのか？

「あいつの嫁さんのInstagram見た？」「見た見た！　マジでヤバい」

さぁ皆さん！　夫婦のSNSの掟の時間がまいりました。ここにはありとあらゆる夫婦間の地雷が埋まっておりまして、ドッカンドッカン踏み散らかす女性が多いこと多いこと！

「夫が他の女に、いいねしてないか？　こっそりチェックしてま〜す」なんて話はかわいい方でして、妻自身がやらかして、夫の面目丸潰れパターンがあまりにも多いのです（ぶるぶる）。

正直に、正直に、実はSNSでストレス発散したり、承認欲求を満たしているという方、手を挙げてくださいませ。ハイ！　ズバリ貴女危険ですよ！

確かにね、自分の自由時間が減ってしまった結婚後、SNSってお手軽にストレス発散したり、承認欲求を満たせるじゃないですか？　育児中でフラッと1人でランチすることもままならなかったり、仕事に追われていて友人と飲みに行く時間も減ったりして（既婚子持ち同士だと、都合合わせるのも一苦労）。

しかし、そんな貴女に問いかけたい。意識していますか？　夫の目。そして周囲が夫を見る目を……。SNSでこんなふるまいをするのは、夫婦関係を破綻させかねない地雷です！　やらかしていないか、ただちにチェックしてくださいませ！

夫婦関係に亀裂が入るSNSの使い方

- 夫のSNSに必ずコメントを付けて、妻の存在を他の女性にアピールする
- 夫をタグ付けして写真をUPする
- 夫への感謝の言葉を長文で綴る
- 夫の悪口や愚痴を書き散らかす
- 義家族の悪口や愚痴を書き散らかす
- 自分のSNSで他の男性と馴れ合う
- 謎の「アタシは現役で女」アピール
- 自撮りをガンガンUPする（30代〜）

・裕福アピール

❖【イマスグ】旦那のメンツをぶっ潰してしまう！ SNS徹底解説【ヤメヨ】

❶ 俺の存在を！　君の存在を！　アピらんでくれ！

夫と共通の友人、義家族、夫がお世話になっている人間関係……。いろんな人が見ている SNS上では（Instagram・Facebook）、**男性はあまり家庭のニオイを出したくないものだと理解してあげてください。特にビジネス繋がりが多いFacebookは要注意です。夫が仕事についで熱く語っている投稿に「パパ～♡　応援してるよ～」なんてコメントされると、男性はこっぱずかしいものなのです**（わ～取り引き先の人見てるかも……）。これには、タグ付けも含まれます。**ここでは静観してあげることが、夫を立てることになります。**

❷ 夫の愚痴・義家族の愚痴を書くなんて大論外！

「うわ～！　あいつとんでもない地雷嫁と結婚しちゃったな～」と面目丸潰れ！　**わざわざSNSに人の悪口を書かないでください！**　普通に人としてドン引き事案ですよ。

❸ ノロケは略奪女を引き寄せてしまう

「旦那さんには感謝です♡」的なノロケ投稿を頻繁にしてしまうのも危険。**幸せそうな夫婦を引き裂くことが趣味な「略奪女」のターゲットにされやすいのです**（**貴女の夫にこっそりDMで相談を持ちかけたりします！　しかも貴女の古くからの女友達だったりして……**）！

「夫に愛されているのを自慢したい」という承認欲求はそっとしまっておいてくださいね。またはTwitterで匿名ノロケ垢でも作ってください（しかしあまりにも度が過ぎると特定しようとする人が現れるので身バレには要注意！）。

❹ SNSで妙に女を出す

どういうワケだか人妻なのに、SNSで妙に女を出す方がいらっしゃいます（笑）。貴女が元グラビアアイドルだとか、モデルさんだとか、プロの女性でもない限り、**夫は周囲から哀れみの目で見られてしまいます。**

イケメン（?）にコメント欄で「顔面最強すぎ〜♡」と馴れ馴れしくしたり、「ナンパされちゃいました♡　まだまだイケる？」と自撮りの写真を投稿したりするのはおやめください。

ニョッキリご自慢の生脚を見せつけ「最近太くなってきたぁ」と投稿したりするのもいけません。

「きっと旦那さんに構ってもらえなくて、男探ししてんのよ（笑）」なんてあらぬ噂を立てられてしまうだけです。

❺ 裕福アピールをする

ＳＮＳが広まりだしてから、妙に裕福アピールをする人が増えております。しかし、夫の仕事関連の人や、友人たちからしたら「そんな大々的にアピールするような年収じゃないハズだけどな……」「奥さん見栄っ張りだなぁ……ありゃ気苦労絶えなかろう（合掌）」と懐事情が想像つくだけに苦笑されたり、「嫁さん、お金使い荒いけど、裏で怪しい仕事してんとちゃう？」なんてあらぬ憶測を呼んでしまったりするのですよね。

もしも貴女が実際に相当金銭的に余裕があったとしても、ひけらかすのはこのご時世、物騒な上に（本気になれば家の特定なんてすぐやで）、嫉妬され、ロクなことにはなりません（お仕事上、うまくいっているアピールが営業活動の一部でもない限り……）。

また、ぶっちゃけ見栄っ張りな貴女！　そろそろやめてしまわないと、どんどん息苦しくなるだけですよ！　お金持ちの世界なんて上には上がいくらでもいます。そういった方の〝ガチセレブ〟投稿を見て、貴女自身が嫉妬で苦しくなるだけですよ！　そして夫の稼ぎに不満を募らせイライラして「ど本命クラッシャー」してしまうことでしょうから……。

MISSION
既婚女性はSNSと一線引いて付き合うのが夫婦円満の秘訣と心得るべし！

貴女自身が仕事としてSNSを活用しているのでない限り、SNSにのめり込まずに生きていくのが一番です。それには何か投稿するときに、「私は誰かに羨ましがられたくて必死になっていないか？」「夫の周りに存在をアピールする道具として利用していないか？」と一度冷静になってみることが大切なのです（客観性を養うMISSIONやで）。

もし夫が、感心するような投稿をしていたら、そこにはコメントを付けずに「パパ見たよ！感心しちゃった♡」「あの記事に貼ってたリンク読んだけど、面白かったよ♡」とLINEするなり、直接伝えるなりするのがよいでしょう（夫は喜びますが、入籍前の彼氏にはNGですぞ）。**この使い方であれば、「既婚メス力」で大切な夫を褒めることを実戦できて、夫婦円満のMISSION完了です！**

おそらく鍵付きアカウントで、家族の何気ない写真を記録として投稿している方も多いでしょう。そのような平和な使い方が一番なのですよね。**SNSは使い方次第で敵（略奪女・野**

次馬人間・犯罪者）にエサをばら撒くことになってしまいます。家庭という船をしっかり守るために、発信する情報をコントロールしてくださいね（妻は家庭内の裏ボスやで）。

MISSION まとめ COMPLETE

- **SNSの使い方次第では夫の顔にドロを塗ると心得るべし**
- **夫の投稿にはコメントを付けず、LINEで、または直接「あれよかったよ♡」と褒めるべし！**

【アプリ】スケジュール共有、GPSで位置共有するのは正解なのか問題

奥さん、お宅はどうなさっているの？　夫婦間のスケジュール管理問題♡
例えばこんな経験、どこの夫婦でもあると思います。

「そうそうヨシ君、明日大丈夫？」

「んぁした〜？　午前中はジム行った後、ちょっとビッカメ行こうと思ってるけど？」

「ちょっと！　お義父さんたち来る予定って言ったじゃん！　私、料理したりバタバタだから駅まで迎えに行ってよ！」

「う〜ん、ジム予約入れちゃったし！　予約制だからドタキャンうるさいんだよ、あそこ！　ビッカメはやめるから、親父たちの迎え頼むわ！　ごめんごめん」

「はぁぁ？　も〜！」

まったく、あんたの親でしょうが！　いつも私の方に連絡来るけどさ（イライラ）。

予定くらいしっかり覚えておいてよ！　だいたい、私しかいないタイミングを狙って、そ

ろそろ孫が欲しい孫が欲しいってしつこいのに（イライラ）。

色々と頑張ってるちゅーねんこっちだって（イライラ）。お宅の息子が2カ月連続で排卵日に飲みに行ってんだよ（イライライライラ）！

いや〜女の心の声って、毒（笑）。

ま、口に出さなきゃなかったのと同じです（イラつく日もあるさ〜）。

こんな風に口頭やLINEで予定をシェアし合っても、どちらかがウッカリ忘れてしまったりすることってありますよね。生活していてコレが頻繁に起こると、お互いにピリピリしがちになってしまいます。夫が予定をすっかり忘れてしまっていたとき、貴女はこんな風に対応していませんでしたか？

夫が予定を忘れたときに降臨する鬼妻（ど本命クラッシャー）

・「一体どういうつもりよ！　私のことバカにしてんでしょ！」とマジギレする

・「本当にさ、よくそれで仕事していられるよね？　うちの会社ならクビかな」とイヤミを言う

・「予定変えるから大丈夫？　いいよ別に、こっちの予定なんてどうでもいいから他の予定

PREMISSION MISSION1 MISSION2 MISSION3 MISSION4 MISSION5

入れたんでしょ」と夫の謝罪や予定変更を受け入れない

❖なぜ男性は家庭内でこうもうっかりさんなのか？

社会に出て一人前の男性として働いているハズなのに、仕事先の人との電話を聞いている限り、キチッとビジネスモードで対応できているハズなのに……。どうして「夫モード」になった瞬間、男性は「あ〜そうだったっけ〜？」「忘れてた〜」とうっかりさん（いや、うっかり野郎だよ！）になってしまうのでしょうか？

そもそも男性は、仕事中は狩猟モードです。エモノ（手柄・案件）を他の人間にかっさらわれたりしないように気を張っています。

人間は人種に関係なく、長い間狩猟社会だったそうです。あの時代、エモノを奪われてしまったら、または狩りに失敗でもしたら、家族もろとも飢えてしまうのですから、そういう風に発達してきたのでしょう。

そこからひとたび「ただいま〜」と帰宅すれば、そこは敵のいないホームです。張り詰めた気がやっとゆるむのですよね。

それでもな！　予定を忘れられるのはこちとら迷惑なんじゃ（本音）。予定をシェアするために、うま〜く女性側が立ち回って、不要なケンカを回避していきましょう！

MISSION
夫の方からスケジュール管理アプリの導入を提案させるべし！

夫なり、貴女なりが予定を忘れたときがチャンスです。最大限に困った顔を作り、「どうしよ〜？　こういうのあると予定が狂っちゃって困るね……」と伝えましょう。**そして、「そういえば、スケジュール共有アプリがあるらしいけどヨシ君知ってる？」と問いかけるのです。**

さらに「アレ、便利そうだよね〜♪　もしよさそうなアプリ見つけたら教えて〜♡」と明るく伝えれば、アプリや、新作家電等が好きなタイプの男性は勝手に調べて、「ん（俺これ調べたよ！　いろんなアプリあるけど、これがよさそうだよ！　褒めてくれるかなぁ）」と貴女にリンクを送ったり、自分のスマホを使って見せてくるハズです。

貴女は「調べてくれてありがと〜♡　これ便利そう！」で、MISSION完了。後はお互いにアプリに入力するのを習慣化するだけ（これが一番難儀だったりして）。

なぜこんな回りくどい方法を取るのかというと、**男性によっては「なんか俺のこと束縛し**

ようとしてる？」と警戒してしまうからなんです。

特にこれまで貴女がやたらめったら「浮気してんでしょ！」と疑い深いタイプだった場合、男性は「やべぇ！　この女！　俺をガンジガラメにするつもりだ！」と必死に抵抗します。無理矢理アプリをインストールさせても「あ！　入力忘れてた～」とすっとぼけたりする可能性があるのです（義務感・束縛感は男性をおかしくしてしまうのや）。

その態度を見た貴女は、スケジュールがどうのこうのより、そっちにイライラしてしまうに違いないのです。これでは本末転倒です。

スケジュール管理アプリの話をそれとなくしたときに、乗ってこなかったらムリに話を進めるのはやめましょう。

だったら早々に「この人、本気でスケジュール管理できないタイプだな」と割り切り、予定の1週間前、3日前、前日と、**貴女が家庭内のスケジュールを夫にリマインド（念押し）した方がストレスが少なくなるハズです。**

GPSについてですが、コレばっかりは男性側が提案してこない限り、スルーするのが吉です。実際夫側から提案されて、アプリでお互いの位置情報を共有している夫婦もいます。「そろそろ帰宅するな！　よし、料理完成させるか！」と先に帰宅している側が活用していたり、はたまた酔っ払い系の夫が自主的に「俺の位置情報をチェックして迎えに来てくれ……」と提案してくるケースもあるようです。

行動を監視するために、GPSの提案をするなんてもってのほかですよ！

何度もお伝えしますが、男性に「俺、束縛されてる？」と感じさせてはいけません。男性は本能的に、そういった人から離れようと試みるもの。束縛すればするだけ、夫の心が自分に向いていない現実を突きつけられて苦しむことになります。

私たち女性は「束縛してないよ♡　貴方の自由を尊重してるよ」とある程度放任し、いざっていうときには「ヨシ君？　わかってるよね（ニコ）」（あ、マジなときの笑顔や……）と手綱を締めるのがベストなのです（ほほえみ）。

男と女の関係は、メリハリ、飴と鞭。

すべての鍵を握っているのは、貴女なのです（再ほほえみ）。

MISSION まとめ COMPLETE

- **スケジュール共有アプリに誘導して乗ってこなければ、貴女が管理すべし**
- **「共有」には夫が怯える地雷が埋まっていがちと心得て活用すべし！**

EPILOGUE

エピローグ

おわりに

疲れる。

ＳＮＳを開けばあの女が相変わらず自慢ばかりしていて、友人は続々と婚約・結婚・出産を済ませ、タイムラインは「ご報告☆」のオンパレード。恋愛コラムを読んでいれば、目ざとく結婚相談所だの、マッチングアプリだのの広告が出てくる。出来心であの男のアカウントを覗こうものなら、なんと！　結婚して子どもが生まれたらしい。「へぇ……あんな仕打ちを他人にできる人間がさっさと幸せつかむなんて、この世には神も仏もいないワケ……」

スマホ握り締めてダラダラ過ごす休日。
あの人からＬＩＮＥの返事はまだ来ない。
疲れる。

こんな日々を送っている貴女へ。
人生はオフライン（リアル）で起きている。
そして現代はオンライン（ネット）で何を見るかによって人生の方向性が左右される。

恋愛をうまくいかせたいのなら、モヤモヤするものを覗いてはダメなんだ。

Instagram、Twitter、YouTube、ブログ……。

私自身いろんなSNSを運営しているけれど、見たくもないモノを目にすることもあって、時々疲れてしまう。

そんなときは元気が出るものを覗きに行くんだ。動物のかわいい動画、赤ちゃんの動画、エネルギーを感じる歌手の動画。貴女もこういったSNSの使い方を、ぜひ習慣化して欲しい。


人生を生かすも殺すも、スマホの使い方次第なんだ。


そして好きな人とのLINEのやり取りに怯えないで欲しい。

確かに本書では「あれはダメ！　これもダメ」と貴女に伝えてきた。

でも忘れないで欲しいのが、恋愛はオフラインこそが勝負ということ。


男性はLINEで恋に落ちるのではない。

振り向き様の笑顔、景色を眺める横顔、子どもみたいな顔でスネる表情、うれし涙、毅然とした姿勢、ひたむきに努力する姿、身悶え恥じらう顔……。

体温のある貴女の姿に心を撃ち抜かれるんだ。LINEもSNSもそのオマケなんだ。

オフラインがお米だとしたら、オンラインはフリカケにしか過ぎないのだよ。

「昨日のLINEやらかしたかな……どうしよう」

そう悩んでいるなら、好きな人と会った瞬間に、飛びっきりの笑顔で手を振ってみて。

100万通の気の利いたLINEより、屈託のない笑顔に男性は恋をするから。

だから「この一通で嫌われてしまったらどうしよう……」なんて萎縮しないでいい。

男友達のように、フランクに。

ときに「私のファン」扱いして、悪戯に。

軽口叩き合って、愉快に。

恋愛成就は笑顔と遊び心から。

それを絶対に忘れないで、この本を役立てて欲しい。

貴女に幸せになって欲しい。
ただ笑顔で過ごして欲しい。
貴女が今抱えている、孤独や不安が痛いほどわかるから。
私も一緒だったんだ、ずーっと。

いつも応援してくださって本当にありがとうございます。
何かひとつでも貴女のお役に立てますように。

最後のＭＩＳＳＩＯＮです。
幸せになることを、諦めんなよ（押忍ッ）。

神崎メリ

STAFF

Art Direction / アートディレクション
松浦周作
[mashroom design]

Book Design / ブックデザイン
石澤 縁
[mashroom design]

Photographer / 撮影（著者プロフィール写真）
山下拓史

Hair & Makeup / ヘア&メイク
三石安里

DTP
美創

Agent / 著者エージェント
アップルシード・エージェンシー

大好きな彼のハートを
撃ち抜く!
恋愛&婚活 SNS大作戦《ミッション》

2021年2月25日　第1刷発行

著者	神崎メリ
発行人	見城 徹
編集人	菊地朱雅子
編集者	三宅花奈
発行所	株式会社 幻冬舎 〒151-0051 東京都渋谷区千駄ヶ谷4-9-7 電話 03(5411)6211[編集] 03(5411)6222[営業]
振替	00120-8-767643
印刷・製本所	図書印刷株式会社

検印廃止

Printed in Japan
ISBN978-4-344-03753-3　C0095

幻冬舎ホームページアドレス　https://www.gentosha.co.jp/

この本に関するご意見・ご感想をメールでお寄せいただく場合は、
comment@gentosha.co.jpまで。

PROFILE

神崎メリ

かんざき・めり／恋愛コラムニスト。1981年生まれ。ドイツ人の父と日本人の母の間に生まれる。自身の離婚、再婚、出産という経験をもとに「男心に寄り添いながらも、媚びずに女性として凛と生きる力」を「メス力《りょく》」と名付け、SNSやブログにて発信していたところ、瞬く間に人気が広がり、現在ブログは月間200万PV。コメント欄には共感の声が殺到し、恋愛に悩む幅広い年齢層の女性たちから、厚い信頼と支持を集めている。著書に『「恋愛地獄」、「婚活疲れ」とはもうサヨナラ！〝最後の恋〟を〝最高の結婚〟にする 魔法の「メス力」』（KADOKAWA）、『「本能」を知れば、もう振り回されない！恋愛＆婚活以前の 男のトリセツ』（マガジンハウス）などがある。

Blog https://lineblog.me/tokyo_nadeshiko/
Twitter @tokyo_nadeshiko
Instagram @meri_tn
YouTube http://www.youtube.com/c/神崎メリ/fuetured